잘못 쓰인 한국사의
결정적 순간들

당신이 몰랐던 반쪽짜리 한국사

잘못 쓰인 한국사의 결정적 순간들

최중경 지음

MIXCOFFEE

글머리에

우리 역사 서술과 역사교육은
은폐, 과장, 왜곡, 편견으로부터 자유롭지 않다

'역사는 반복된다(History repeats itself)'라는 경구를 모르는 사람은 없을 테지만 역사 공부를 제대로 깊이 있게 해 역사의 흐름을 예측하고 대응책을 미리 마련해야 한다고 생각하는 사람은 많지 않다. 우리의 역사 교실은 자라나는 세대에게 역사 공부를 제대로 시킨 적이 없기 때문이다.

역사적 사실을 암기하고 선택형 문제나 단답형 문제를 풀어 점수를 따는 우리의 역사 교실은 '역사'가 전략적 사고능력을 기르는 흥미진진한 과목이 아니라 지겨울 정도의 인내심을 요구하는 암기력 테스트 과목으로 만들었다.

역사교육의 전략적 중요성을 인식하지 못하다 보니 대학수학

능력시험의 필수 과목에서 국사 과목이 상당 기간 제외되었을 정도로 국가 지도층의 역사 인식 수준은 위험할 정도로 낮다.

교육 당국이 대학수학능력시험에서 국사 과목을 제외한 이유가 걸작이다. "수험생들의 암기 부담을 덜어주기 위해서"였다. 역사의 중요한 순간에 조상들이 내린 의사결정의 내용과 결과를 분석하고 더 나은 대안이 있진 않았는지 검토하고 토론하는 건 자라나는 세대의 전략적 사고능력을 기르는 거의 유일한 길이라 해도 과언이 아니다.

특히 실패한 역사는 전략적 사고능력을 기르는 데 더할 나위 없이 좋은 교재다. 전략적 사고능력을 갖춘 인재들이 대한민국호의 방향을 잡고 항해를 이끌어야 민족의 밝은 앞날이 보장된다. 역사교육 방식을 하루빨리 바꿔야 한다. 아울러 왜곡된 역사서 기술을 바로잡는 작업도 중요하다.

왜곡된 역사는 종종 논리적 사고를 가로막는다.

구한말의 국제 정세를 들여다보면 청일전쟁(1894~1895)으로 청나라가 탈락하고 러일전쟁(1904~1905)으로 러시아가 탈락한 가운데 영국과 미국이 일본의 손을 들어주자 조선은 오갈 데 없이 일본의 손아귀에 들어갈 수밖에 없었다.

1905년에 을사늑약이 체결되고 조선이 일본의 식민지가 되는 게 기정사실화된 다음 속된 말로 이미 '버스가 멀리 떠난' 이후인 1907년에 헤이그 특사 파견을 고종이 주도했다는 주장과 함께 그를 독립 투쟁 의지가 강했던 지도자인 것처럼 얘기하는 건 근거 없는 역사 왜곡에 불과하다.

　　동학군을 진압해 달라고 청군을 불러들여 일본군이 한반도에 상륙할 구실을 스스로 내어줌으로써 청일전쟁의 도화선에 불을 붙이고 조선 몰락의 물꼬를 튼 이가 바로 고종이다.

　　자신과 외척 민씨 가문의 권력 유지를 위해 외세에 의존하려 했던 용렬한 군주 고종이 이미 멀리 떠난 버스를 향해 흔드는 손놀림이 애절하다고 해서 미화의 대상이 될 수 있을까?

　　역사는 이긴 자가 붓을 잡고 쓰기에 정도의 차이는 있어도 승자의 왜곡이 존재하기 마련이다.

　　백제가 멸망한 원인을 '의자왕의 사치와 방종으로 국운이 기울었기 때문'이라고 설명하고, 백제 멸망 과정에서 '백제의 운명을 건 최후의 전투가 황산벌 전투이며 백제군의 규모가 5천 명에 불과했다'라는 역사 서술은 믿기 어렵다. 의자왕이 항복한 후 백제부흥군이 강력한 군사력을 보이며 나당연합군을 압박했기 때문이다.

이미 국운이 기울어 민심이 떠났다면 부흥운동이 있을 수 없다. 최후 결전을 위해 박박 긁어모은 군대가 5천 명에 불과했다면 막강한 전력을 갖춘 정규군인 백제부흥군은 하늘에서 떨어지거나 땅에서 솟아났다는 말이 된다.

만약 백제군이 5천 명밖에 안 되고 의자왕의 실정으로 민심이 피폐해졌다면 무엇 때문에 당나라 군대를 불러들였을까? 신라 혼자의 힘으로도 충분했을 텐데 말이다. 앞뒤가 맞지 않는 역사 서술은 백제 멸망의 과정에서 뭔가 숨기고 있다는 증거다.

논리적 추론으로 왜곡의 여지를 탐색하고 추가 사료를 발굴해 승자의 왜곡을 시정하고 올바른 역사를 정립하는 건 후세를 사는 우리의 의무라고 할 수 있다.

역사를 지배하는 힘의 논리를 외면하고 선악의 논리를 앞세워 사실과 인과관계를 왜곡함으로써 엄중한 책임을 회피하는 역사 서술 방식도 더 이상 방관하면 안 된다.

'병자호란은 미개하고 폭력적인 만주족이 선량한 문화국 조선을 유린한 것이며 만주족에 고개를 숙이지 않은 절개를 높이 기린다'라는 식의 역사 서술은 국내 정치 투쟁의 명분을 지키고자 국가 안보를 포기함으로써 백성을 고난과 치욕으로 몰아넣은 무서운 집단 이기주의 정치 세력에게 면죄부를 주는 것이다.

병자호란 당시 만주족이 세운 청나라는 세계 최강의 기병부대와 세계 최고 수준의 포병부대를 운용하고 있었기에 조선이 도저히 감당해낼 수 없는 상대였으므로, 전쟁을 피해야 했고 청나라의 요구를 적당한 수준에서 들어줘야 했다.

그렇지만 만주족에게 우호적인 중립정책을 펴는 광해군을 몰아내고 정권을 잡은 인조반정 세력이 청나라에 굴복하는 건 집권 명분을 스스로 부정하는 행위였기에 청나라의 요구를 무시하고 배척하다가 전쟁을 자초했다. 피할 수 있었던 병자호란을 자초한 당시 조정에 엄중한 책임을 물어야 온당한 역사 서술이다.

조선이 망한 이유를 간악한 일본 제국주의자의 욕심에서 찾는 자기합리화식 역사 서술은 재고해야 한다. 조선은 출발부터 건국의 명분이 부족했고 스스로 손발을 묶어 성장을 기대할 수도 없는 나라였다.

18세기에 조선 통신사가 일본을 방문했을 때 수행원으로 함께한 조선 의사와 일본 의사가 나눈 대화를 소개해본다. 조선이 왜 쇠락했는지 간명하게 보여준다고 생각한다.

일본 의사가 조선 의사에게 "요즘 일본에선 사람의 몸을 가르고 내부를 연구하는 유럽의 해부학이 유행하고 있는데 어떻게 생각하십니까?"라고 예의를 갖춰 물었다. 별안간 조선 의사가 벌컥 화를 내며 "갈라보지 않고 알아야 명의이니라"라고 일갈했다.

조선 의사의 말은 분명히 맞는 말이다. 그러나 그렇다고 해서 해부학의 가치를 부정하는 논리는 되지 않는다. 조선의 학문은 이미 근대사회의 추세와 멀리 떨어져 산신령 타령이나 하고 있었던 것이다.

우리 역사 서술과 역사교육은 은폐, 과장, 왜곡, 편견으로부터 자유롭지 않다. 하루빨리 시정해야 한다. 그래야 대한민국이 바로 서고 밝은 미래를 약속할 수 있다. 매국노가 애국자가 되고 실패한 자를 성공한 자로 둔갑시키며 책임지는 자가 없는 기존의 역사 서술은 국가 구성원들이 공동의 목표와 가치를 위해 헌신할 의욕을 꺾는다.

우리 사회가 억지 주장이 심하고 진영논리에 함몰되어 정의와 공정이 부정되고 사실까지 인정하지 않는 근본 이유도 역사 서술이 진실과 거리를 두고 있는 데서 찾을 수 있다.

우리 역사 교실은 조선이 출발했을 때는 한참 뒤처져 있던 일본이 어떻게 조선을 따라잡고 종국에 이길 수 있었는지에 많은 시간을 배분해야 한다. 그래야 일본을 다시 이길 수 있는 길이 보인다.

역사 교과서를 읽으면서 이해가 안 가고 아쉽게 느꼈던 역사의 페이지로 돌아가 '내가 주인공이었다면 어떤 결정을 내렸을까?' 숙고할 기회를 가지고 또 '역사 기술이 왜 사실관계와 논리적 인과관계에서 벗어나 있을까?' 비판할 기회를 가지면서 우리의 역사 서술과 역사교육을 혁신해야 한다는 공감대가 널리 형성되길 기대한다.

이 책은 '역사교육의 소비자' 입장에서 쓰였다. 따라서 새로운 사실을 제시하는 게 아니라 이미 제시된 사실을 제대로 알리고 사실에 함축되어 있는 역사적 의미를 전략적 관점과 합리적 관점에서 다시 해석하는 데 주안점을 두고 있다.

책을 읽다 보면 기존의 역사 상식에서 벗어나 있는 경우도 있고 역사적 인물이나 사건의 평가가 180도 달라지는 경우도 있어서 불편하게 느끼는 독자가 있을지 모른다.

전략적 사고능력 배양을 위한 역사 교실 개혁을 주창하는 필자가 '다양한 관점을 제시해 최적의 대안을 얻기 위한 생각의 루트'를 열고자 하는 충정으로 받아주시길 머리 숙여 부탁드린다.

아울러 같은 내용이 반복되는 경우도 있을 것이다. 처음부터 끝까지 통독하는 독자에게 기억의 단서가 되도록 하는 범위 내로 내용을 축소 기술하려고 노력했는데, 처음부터 통독하지 않고 테마별로 선택해 읽는 독자에게 전달력을 높이기 위한 조치이기도 하므로 양해를 구하는 바다.

필자가 졸저 『역사가 당신을 강하게 만든다』에서 제기했던 문제의식을 심화 발전시켜 〈DBR(Dong-A Business Review)〉에 열두 차례 연재한 내용에 세 개의 주제를 추가해 이 책을 펴낸다.

귀한 집필 기회를 주신 〈동아일보〉 미래전략연구소 김남국 소장과 편집국 박용 부국장, 배미정 기자와 백상경 기자를 비롯한 〈DBR〉 관계자 여러분께 깊은 감사의 말씀을 드린다. 원고 정리에 많은 도움을 준 김이수 과장과 이 책의 출판을 제안해주시고 조언해주신 믹스커피 김형욱 편집장께도 감사의 말씀을 전하고자 한다.

목차

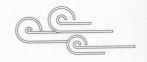

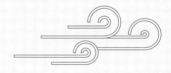

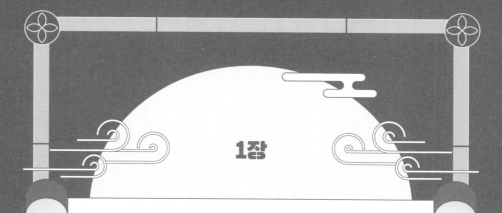

1장

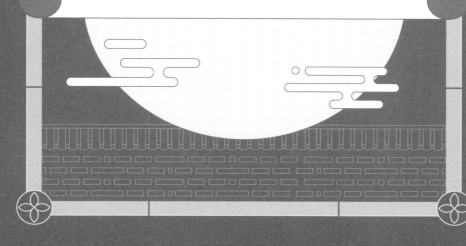

고구려는 왜
백제의 위기를 방관했나

7세기 동아시아 세력 판도를 볼 때 백제가 멸망해 당나라 영향권에 놓인다는 건 고구려가 군사전략적으로 매우 불리한 상황에 직면하는 걸 의미했다. 중국군이 고구려를 칠 때 고구려의 필승 전략은 명림답부가 최초로 입안해 실시한 청야 작전이었기 때문이다.

알다시피 청야 작전은 백성과 가축 곡물을 거점 방어 중심인 성으로 모으고 식량이 될 만한 건 모두 파괴해 적군이 보급 부족으로 전투력을 상실하게 만드는 전술이다.

병참선이 길고 현지 식량 조달이 어려운 중국군이 청야 작전을 구사하는 고구려군과 고구려 영토 안에서 장기전을 치르는 건 거의 불가능했다. 백제의 멸망과 신라의 조력으로 병참 문제가 해결되어 청야 작전이 더 이상 힘을 쓰지 못하게 되면서 고구려의 운명도 끝났던 것이다.

고구려는 이러한 사정임에도 왜 나당연합군에게 공격받고 있는 백제의 위기를 외면했을까? 이 질문은 우리의 역사 교실에서 좋은 토론 주제라고 할 수 있다.

여러 가지 가설이 있지만 고구려는 백제의 위기가 곧 고구려의 위기라는 인식이 없었기에 백제를 적극적으로 돕지 않았다고 보는 관점이 가장 설득력 있는 관점이라고 보인다.

고구려는 광개토대왕이 신라를 멸망의 위기로부터 구해준 이후 신라를 속국 정도로 인식하고 있었기에 신라가 고구려를 상대로 그런 어마어마한 배신을 하리라곤 꿈에서도 생각하지 못했을 수 있다. 하지만 대규모의 나당연합군이 백제를 공격하는 상황을 보고도 사태의 심각성을 인식하지 못한 건 이후 민족사의 전개 과정을 볼 때 두고두고 진한 아쉬움으로 남는다.

660년 고구려의 침묵 배경

660년 소정방이 이끄는 당군은 김유신이 이끄는 신라군과 연합, 백제를 공격해 의자왕을 사로잡고 백제를 멸망시켰다. 그러나 백제와 군사동맹을 맺은 것으로 알려진 고구려는 전쟁 내내 이렇다 할 조치를 취하지 않고 거의 방관했다.

백제를 당군에게 내주는 건 고구려의 남쪽을 무방비 상태로 만드는 것이어서 군사전략상 용인하기 어려운 일이었을 텐데 왜 침묵했을까? 흔히 연정토, 남생, 남건의 반목과 불화로 설명되는 고구려 내부의 권력투쟁 때문에 밖을 신경 쓰지 못했다는 얘기를 정설로 받아들이는데, 과연 그렇게 쉽게 결론지을 일인가?

내부에서 서로 싸우다가도 외적이 침입하거나 위험한 상황이 예견되면 정쟁을 일단 멈추고 합심해 외부의 위협요인을 먼저 제거하는 게 권력의 생리다. 근세에선 중일전쟁 기간 중 적대 관계인 국민당과 공산당이 내전을 중단하고 함께 일본군과 싸운 국공합작이 좋은 예다.

660년에 고구려 조정은 총력을 기울여 백제를 도와 멸망까지 다다르는 건 막았어야 함에도 불구하고 무슨 이유와 논리로 참전하지 않았을까? 결국 백제의 멸망을 방관했기 때문에 8년 뒤에 고구려도 멸망하고 말았다.

한강 유역을 장악하고 있던 신라로부터 식량과 병력을 지원받을 수 있게 된 당군은 식량 보급과 병력 보충에 어려움을 겪으면서 정벌을 포기할 수밖에 없었던 예전의 당군이 아니었다.

고구려군이 중국군을 상대하는 전술의 기본은 청야 작전이었다. 백성과 식량을 모두 성 안으로 소개시키는 한편 당군의 보급로를 차단함으로써 당군이 식량을 조달하지 못하게 해 굶주리길 기다렸다가 역습하는 전술을 구사했다.

을지문덕의 살수대첩도 굶다가 지쳐 후퇴하는 수(隋)군을 추격해 결정적인 타격을 가한 전투다. 고구려의 전술은 백제가 멸망함으로써 무용지물이 되고 거꾸로 평양성에서 항전하던 고구려군이 식량 부족으로 백기를 들고 만다.

백제를 무너뜨린 소정방의 당군은 연이어 고구려를 공격했는데 도중에 식량이 떨어지자 신라에 도움을 청한다. 김유신이 양곡을 실은 치중대를 인솔하고 고구려-신라 국경을 돌파해 굶어 죽을 뻔한 소정방 군대를 위기에서 구출해준 때가 662년으로, 그야말로 역사적 사건이다.

왜 역사적 사건인가 하면 고구려를 공격하는 중국군의 아킬레스건이 사라지는 동시에 고구려의 필승 전략인 청야 작전이 더 이상 유효하지 않다는 걸 실증적으로 보여줬기 때문이다. 소정방은 일단 군대를 수습해 고구려에서 물러났지만 이미 668년의 성공을 예약한 것이나 마찬가지였다.

본론으로 돌아와 고구려 조정이 이런 중대한 고려사항, 즉 백제의 멸망이 신라군의 자유로운 기동 작전을 가능하게 해 신라가 당나라의 보급기지가 되어 당군의 아킬레스건인 식량 문제를 해결함으로써 고구려가 명백한 위기에 봉착하게 되는 문제가 있음에도 불구하고 참전하지 않은 이유를 분석해보자.

분석이라기보다 상상이 맞을지 모르겠다. 고구려 조정의 참전 여부 결정 논의와 관련해 남아 있는 기록이 거의 없기 때문이다.

가설 1. 상황 파악 지연

660년 당시 한강 유역을 점령하고 있던 신라가 고구려와 백제 사이를 가로막고 있었기에 고구려가 백제의 위기 상황을 정확하게 파악하기 어려웠다는 가설이 가능해 보인다.

백제 조정이 고구려 조정에 위기 상황을 상세히 알려주지 않았다면 고구려 조정이 상황을 제대로 파악하고 대응하기가 쉽지 않았을 것이다.

그러나 고구려가 백제와 동맹 관계에 있었다면 고구려인들이 백제 안에 다수 존재했을 것이기에 비둘기를 이용한 통신이나 뱃길을 통한 인편 서신 교환도 가능했을 터라 상황 파악 지연이 일부 있을 수 있더라도 내내 몰라라 할 순 없을 것이다. 하여 설득력이 떨어진다.

특히 멀리 왜국에서도 상황의 중대성을 인식해 일본 천황이 병든 몸을 이끌고 직접 원군을 인솔하고 출전했다가 항해 도중 서거하는 바람에 일단 철군했다가 다시 파병했던 역사적 사실을 보면 설득력이 크게 떨어진다.

가설 2. 당나라의 기만전술

당나라가 기만전술을 폈을 가능성도 생각해볼 수 있다. 이전의 주 공격 루트인 요동으로 군대를 움직여 고구려의 시선을 고착시키고 소정방 군대도 평양 앞바다에 상륙할 것처럼 하다가 기습적으로 백제에 상륙해 고구려 조정이 적기에 대응할 수 없게 만들었다는 가설이 그럴듯해 보인다.

하지만 당나라의 기만전술이 있었는지 여부에 관계없이 이 가설의 설득력이 떨어지는 이유가 있다. 속았다는 사실을 알아챈 순간 고구려군이 백제를 돕기 위해 달려 왔어야 하지만 아쉽게도 고구려군이 백제를 돕기 위해 대규모의 군대를 파병해 필사적으로 전투에 참여했다는 기록을 찾아보기 어렵다.

가설 3. 고구려 조정의 오판

고구려 조정이 백제가 멸망한 다음 고구려에 닥칠 위험 요인을 과소평가했을 가능성이 있다.

400년에 광개토대왕이 가야와 왜 연합군의 공격을 받아 멸망 위기에 몰린 신라에 5만 명의 철갑기병대를 보내 구해줬다. 신라를 신하의 나라 정도로 낮게 보고 있었기에 신라가 당군과 연합해 고구려를 공격할 가능성을 놓쳤을 수 있는 것이다.

신라와 당이 연합했을 때의 시너지 효과에 대한 이해가 부족했을 수 있다. 신라가 당군의 아킬레스건인 식량 문제를 해결해줌으로써 당군이 고구려군에 대해 절대우위를 확보하게 된다는 사실을 간과했을 수 있다.

가설 4. 백제의 돌발 상황

백제가 의외로 너무 일찍 무너져 고구려 조정이 대응할 시간적 여유가 없었을 가능성이다.

『삼국사기』 기록에 입각한 우리 역사 교실은 백제 최후의 보루 계백 장군이 이끄는 5천 명의 결사대가 영웅적으로 싸우다가 아쉽게 패전하자 의자왕이 스스로 걸어 나와 항복한 것으로 가르치고 있다.

그러나 중국 측 사서인 『당서』 「소정방전」에는 항복의 주체는 의자왕이 아니라 웅진성주 예식으로 기록되어 있고 이 기록을 근거로 단재 신채호 선생은 의자왕이 부하의 배신으로 당군의 포로가 되었다고 주장했다. 『당서』 「소정방전」을 보면 '성주 예식이 의자왕을 데리고 와서 항복했다(其大將禰植 又將義慈來降)'라는 내용으로 기록되어 있기 때문이다.

이 논란은 2006년과 2010년에 중국 서안에서 발견된 예씨 집안의 묘지명에 의해 종지부를 찍었다. 2006년의 묘지명 주인공은 예식진인데 이 묘지명의 주인공이 『당서』 「소정방전」에 등장하는 예식과 동일인물이고, 2010년의 묘지명 주인공은 예식의 손자인 예인수인데 예인수의 묘지명에는 할아버지가 의자왕을 묶어 당 고종에게 바쳤다고 기록하고 있기 때문이다.

진실은 무엇일까?

100% 진실은 알 수 없지만 논리적으로 추론한다면 가설 3이 진실에 가장 가까워 보인다. 가설 1, 2, 4가 진실에 가깝다면 백제 부흥군이 활약하던 661년부터 664년 사이의 기간 중 고구려군이 적극적으로 백제부흥군을 도와 연합작전을 폈어야 마땅한데 아쉽게도 그런 역사 기록을 찾아보기 어렵기 때문이다.

백제부흥군은 한때 수도 사비성을 포위 공격해 당군을 위기로 몰아넣어 당나라가 본토에서 원군을 보낼 정도로 세력을 떨쳤는데도 고구려군은 여전히 침묵했었다.

고구려군의 침묵과 관련해 단국대학교 국사학과 이호영 교수는 여제동맹이 존재하지 않았다는 주장을 편 바 있다. 즉 신라가 당나라의 번신을 자청하면서 창작한 내용이라는 것이다. 백제를 공격해야 하는 당위성을 얻으려면 당나라의 숙적인 고구려와 백제가 동맹 관계에 있다고 하는 게 유리했기 때문이라는 것이다.

당나라 입장에서 보면 여제동맹 여부는 중요하지 않았다. 신라가 제 발로 와서 중국의 일부인 번국이 되겠다고 자청하고 백제 정벌을 제안했을 때 당나라 조정은 호박이 넝쿨째 들어왔다고 생각했을 것이며 드디어 숙적 고구려를 멸망시킬 수 있는 호기를 맞이했다고 여겼을 것이다.

660년 고구려 조정의 오판은 민족의 강역을 한반도로 제한하는 출발점이 되는 결과를 초래해 두고두고 안타까운 역사의 한 장면이 아닐 수 없다.

660년 고구려 조정의 오판으로부터 우리는 어떤 교훈을 얻을 수 있을까? 리더는 늘 국가 또는 조직이 봉착할 수 있는 최대 위험(Maximum Risk)이 무엇인지 파악하고 대비책을 마련해 둬야 한다. 최대 위험이라 함은 위험이 현실화되었을 때 국가 또는 조직의 존재 자체가 위협받을 수 있는 위험을 말한다.

고구려의 최대 위험은 호전적인 중국 왕조가 아니라 호전적인 중국 왕조와 신라(또는 백제)의 군사동맹이었다. 하지만 고구려의 리더는 최대 위험을 제대로 인식하지 못했고 대비책을 마련해 놓지 않았기에 우리 역사의 흐름에서 진한 아쉬움을 남겼다.

고구려는 일차적으로 백제, 신라 두 나라와 긴밀하게 소통하고 교류하면서 맏형 노릇을 제대로 해 두 나라가 중국으로 붙지 않게 해야 했고 동맹이 이뤄지는 경우에 대비한 플랜 B를 갖고 있어야 했다. 다시 말해 오늘날 해병대에 해당하는 수군 육전대를 양성해 상시 출동대기 상태를 유지하거나 남쪽 국경에 기동성이 좋은 경기병 군단을 배치해 놓았어야 했다.

642년에 백제군이 대야성을 함락시키고 김춘추의 딸과 사위를 죽였을 때 신라는 김춘추를 고구려에 보내 도움을 요청했다. 고구려가 별 반응이 없자 위기를 느낀 신라가 당나라의 번신을 자칭하고 대당외교에 나서 백제를 동시에 같이 침공하자고 당나라 조정에 제안함으로써 민족 최대의 비극이 시작되었다.

고구려와 백제의 몰락으로 민족의 활동 무대가 축소되고 만주 대륙의 주도권이 흔들리는 상황을 초래한 건 신라의 책임이 크다. 하지만 고구려의 리더들이 최대 위험을 미리 인지해 642년 대야성 전투의 결과를 놓고 백제에 강력히 경고하는 한편 신라를 보듬어 더 이상의 군사적 위협이 없을 거라고 안심시켰다면 660년과 668년의 비극은 없었을 것이다.

백제도 신라를 공격해 궁지로 몰아넣는 데서 머무르지 않고 신라가 당나라에 접근해 동맹을 맺는 상황을 경계하고 대책을 마련했어야 했다. 흔히 고구려가 삼국을 통일했더라면 좋았을 거라는 생각은 하면서도 정작 백제의 위기를 외면한 고구려의 실책에 대해선 얘기하지 않는다. 고구려는 가능한 모든 상황에 대처하는 군사작전계획을 세우고 주기적으로 도상 훈련을 하며 전투태세를 가다듬어야 했다. 그러나 신라와 백제를 너무 경시하는 오류를 범하면서 그저 북서쪽에서 혼자 오는 당나라를 대적하는 시나리오에만 익숙해져 있었던 것이다.

혁신된 역사 교실에선 자라나는 세대들이 660년 고구려 조정의 의사결정과 고구려가 당나라, 신라, 백제를 상대로 운용한 안보 외교 전략을 두고 심도 있는 토론을 하게 해 넓은 시각으로 정세를 분석하고 전략적인 사고를 할 수 있는 역량을 기를 수 있길 희망한다.

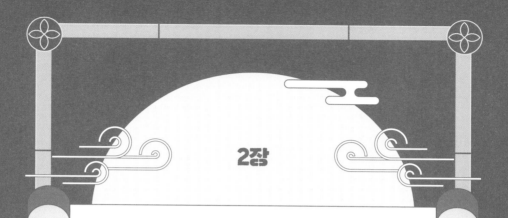

2장

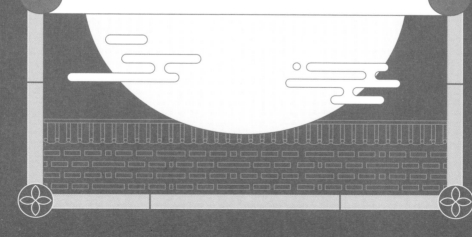

원명교체기의
국가 대전략 실패

국가 대전략(Grand Strategy)은 국가와 민족의 생존을 위한 안보 외교 분야의 중요한 정책 선택을 의미한다. 실패하면 국가 소멸, 영토 축소와 같은 비싼 대가를 치르기에 신중을 기해야 한다.

대표적인 국가 대전략의 실패 사례가 일본 군국주의자들이 일으킨 태평양전쟁이다. 일본은 두 가지 전제를 토대로 산업 대국 미국을 상대로 태평양전쟁을 일으켰다.

첫째, 미국인들은 유약하므로 진주만을 기습해 태평양의 제해권을 장악하면 일본과의 강화 협상을 요청할 것이다. 둘째, 유럽에선 나치 독일이 승리할 것이다. 그러나 두 전제 조건 모두 아전인수 격의 희망사항에 불과했다.

일본은 전쟁 패배로 식민지인 조선, 대만, 만주와 쿠릴열도의 네 개 섬 등 본토의 일부도 잃었다. 고구려가 백제의 위기를 방관해 멸망 위기를 자초한 것도 국가 대전략 실패 사례다.

우리 역사를 살펴보면 중국 왕조 교체기에 중원이 혼란한 틈을 타 고구려의 영토를 회복할 수 있는 기회가 있었지만 사리사욕을 앞세운 집단의 빗나간 선택 때문에 번번이 좌절됐다.

그러나 역사 교실에서 이런 좌절과 실패의 역사를 제대로 가르치지 않고 오히려 정당화하고 있어 역사 비판을 통해 전략적 사고능력을 키우는 게 어렵다. 또 좌절과 실패의 역사에 책임이 있는 집단을 거꾸로 미화하며 가치관에 혼란을 초래하는 문제도 발생한다.

서양에도 정실주의(Cronyism)가 존재하지만 우리나라의 제 식구 감싸기는 도가 지나쳐 공정, 정의가 각자의 입장에 따라 다르고 진실마저도 진영논리에 따라 부정된다. 이러한 혼돈의 근본 원인은 과거에 실패한 역사의 원인과 책임 소재를 제대로 따진 적이 없는 데서 비롯한다고 해도 과언이 아니다.

특정 집단이 자신의 이익을 위해 국가와 민족에 해를 입힌 과오를 범해도 영웅 취급을 받는다면 공동의 가치를 위해 헌신할 사람은 없을 것이다.

누구든 오직 나에게 유리한지 여부, 내 편이냐 아니냐를 따져 이중잣대를 들이대는 게 자연스러워질 수밖에 없다.

원명교체기 때 고려가 요동을 차지했다면

14세기와 17세기의 중국 왕조 교체기에 고려와 조선의 잘못된 의사결정이 가져온 실패의 역사를 돌아봐야 하는 이유는 비슷한 과오가 반복되어선 안 되기 때문이다. 원명교체기와 명청교체기는 중국 왕조와의 관계를 설정하는 데 실패해 민족 웅비의 날개를 스스로 꺾는 손해를 봤다는 공통점이 있으나 다른 점도 있다.

원명교체기 때는 해볼 만한 시도인데도 스스로 굽혀 명나라의 신하를 자청해 고구려 영토 회복의 기회를 날렸다면, 명청교체기 때는 막강한 상대에게 무모하게 대들어 깨지며 기회를 잃었다.

1388년 고려의 우왕과 최영이 주도한 요동 정벌은 공민왕 시절인 1370년에 이미 점령한 바 있는 요동성에 다시 진출해 요동 지배권을 확립하고 요동이 고구려와 고조선의 옛 강역으로서 동이의 땅임을 천하에 알리며 인정받기 위한 군사작전이었다.

요동정벌군 사령관으로 도원수 최영이 임명되었으나 우왕은 최영이 도성을 비우는 걸 불안하게 생각하고 또 최영의 많은 나이를 걱정해 그의 출전을 강력히 만류했다.

하여 부원수였던 이성계가 병권을 장악할 수 있었다. 우왕이 고려 최고의 명장 최영을 보내지 않은 건 고려 지휘부가 요동 정벌을 어렵지 않은 과업으로 인식하고 있었다는 방증이다.

이성계와 정도전은 요동정벌군 병권 장악을 두고 권력 탈취를 위한 다시없는 기회로 생각해 민족의 숙원을 배신하고 쿠데타를 일으켜 우왕과 최영을 제거한 후 권력을 장악한다.

쿠데타로 집권하긴 했지만 명분이 부족해 고려 권신들의 반발에 직면한 이성계는 권력을 유지하고자 명나라에 다가가 번신을 자청하며 나라 이름까지 지어달라는 굴욕적인 저자세를 취함으로써 요동 진출이 좌절되었다.

반면 명청교체기에는 싸움이 되지 않는 상대인 청나라에게 대들어 큰 피해를 봤다. 우리 역사 교실에서 무식하고 야만적인 오랑캐라는 선입견을 주입한 청군은 당시 세계 최강의 철갑기병대를 보유했을 뿐만 아니라 세계 최고 수준의 화력을 지닌 홍이포로 무장한 포병부대가 있어서 세계 어디에 내놔도 부족함이 없는 압도적인 전투력을 보유하고 있었다.

조선 조정이 현실을 직시하고 청군과 연합해 명군을 공격했더라면 고구려 영토 회복의 기회를 엿볼 수 있었을지 모른다. 14세기에나 17세기에나 결정적인 시기에 그릇된 의사결정을 한 배경은 동일하다. 안보 문제를 국내 정치에 입각해 풀고 민족보다 특정 집단의 이익을 앞세웠다는 점이다.◆

◆ 나토(NATO) 창설을 위해 해리 트루먼 대통령과 초당적으로 협조한 아서 반덴버그 상원 외교위원장은 '국제 안보 문제에 국내 정치가 영향을 미쳐선 안 된다(Politics stops at water's edge)'라고 역설한 바 있다.

위화도회군의 4불가론 비판

이성계와 정도전은 요동정벌군의 지휘권을 갖자 요동 정벌을 중단하고 개경을 점령한다. 이성계는 위화도회군의 명분으로 이른바 '4불가론'을 내세워 고려왕조를 대신한 조선왕조에 역성혁명의 정당성을 부여하고자 했다. 4불가론이 왜 자기변명에 불과한지 하나씩 뜯어보자.

1. 작은 나라가 큰 나라를 칠 수 없다

첫 번째 주장에는 요동 정벌의 성격을 왜곡하는 문제가 있다. 요동 정벌은 원명교체기의 혼란을 맞아 우리의 옛 땅을 되찾고 주변 민족과 중국에게 인정받겠다는 목적이 우선이었지 명나라와 전면전을 하자고 대든 게 아니었다.

당시까지 역사적 상황을 살펴보면 고려가 요동에 대한 권리를 주장할 명분은 충분했다. 1370년 공민왕 때 요동성을 거의 무혈 입성해 점령한 역사가 있다. 또 원나라 지배 시기에도 요동을 다스리는 심양왕(1310년부터는 심왕)에 고려 왕족을 임명했고 1345년부터 1351년까지 6년간은 고려의 왕이 겸직했다. 당시 요동 지역에선 고려가 요동을 차지하는 것에 대해 저항감이 적었다. 공민왕의 요동 점령 시에는 수많은 요동 거주민이 고구려의 후예를 자처하며 내응하기도 했다.

명 태조 주원장이 1388년 북경을 점령하긴 했으나 원나라가 몽고 초원 지역에 여전히 큰 세력을 형성하고 있었다. 게다가 중앙아시아에 킵차크 칸국, 차가타이 칸국과 같은 몽고 계통 왕국들이 건재했다.

새 제국의 기틀을 다지는 게 최우선이었던 주원장 입장에선 한족이 거주하고 있지도 않은 요동을 향한 고려의 군사행동을 저지할 실익도 명분도 여력도 부족한 상태였다.

주원장은 북경을 점령하기 전 1387년 강계에 철령위를 설치하겠다고 통고했는데 강계에 온 명나라 군대는 1천 명밖에 되지 않았다. 그만큼 주원장에게 군사 운용의 여유가 충분하지 않았다는 걸 알 수 있다.

주원장 입장에선 원나라가 고려와 합세해 명나라를 공격하는 시나리오가 가장 신경 쓰였을 것이다. 고려가 요동을 점령한 후 요동이 우리 옛 땅이라 되찾은 거라고 정중하게 설명하고 명과 조공 관계를 맺더라도 주원장으로선 일단 받아들일 수밖에 없는 상황이었다.

위화도회군을 통한 권력 찬탈 시나리오를 쓴 정도전이 조선 건국 후 명나라가 조선을 심하게 몰아붙이자 요동 정벌을 주장했던 것도 첫 번째 주장의 진정성을 의심케 한다.

2. 농번기 거병은 백성에게 불편하다

두 번째 주장은 고려판 정치 포퓰리즘이라고 볼 수 있다. 전쟁을 개시하는 데 농번기는 결정적 고려 요소가 아니다. 적군의 움직임과 준비 상황, 아군의 비교우위 등을 고려해 개전 시점의 합당한 타이밍을 정하는 게 맞다. 그런데 농번기 운운하는 건 베테랑 무장으로서 취할 태도가 아니다. 새로운 지도자로서 백성을 사랑한다는 인상을 주기 위한 정치 구호로밖에 보이지 않는다.

3. 요동 정벌 기간 중 왜구 침략에 대비하기 어렵다

세 번째 주장은 그럴듯해 보이지만 현실과 맞지 않다. 왜구가 대규모 병력을 상시 대기시키는 것도 아니고 침략한다면 바다를 건너와야 하는데 요동 정벌로 인한 빈틈을 보고 쳐들어오려면 군사 모집, 군수물자 확보, 수송선 마련에 시간이 걸린다. 그 사이에 요동 정벌이 종료될 가능성이 크다. 게다가 고려의 우왕은 요동정벌군을 편성할 때 경기도 병력을 제외함으로써 만일의 가능성에 대비하는 신중한 모습을 보였다.

다른 한편 왜구는 1380년 최무선의 화포가 맹활약한 진포해전에서 궤멸적 타격을 입고 난 뒤 고려 수군을 크게 두려워하고 있었다. 세 번째 주장은 백성이 이런 전후 사정을 잘 모른다는 점을 악용한 정치 선전으로 보인다.

4. 장마로 활의 아교가 풀어져 활을 쏠 수 없다

네 번째 주장도 논거가 약하다. 국운을 건 전쟁을 두고 날씨 탓을 한다는 게 왠지 어색하다. 활이 젖지 않게 관리하거나 젖은 활을 말리는 방법이 없다고 할 수 없다. 우리가 활을 쏘지 못하면 적군도 쏘지 못한다. 전투력은 상대적인 것이므로 악천후가 이유가 될 수 없다.

고려군이 화포를 운용할 수 있는 능력이 있어서 화살 무기의 비중도 예전보다 작아졌다. 게다가 이성계는 행군 속도를 느리게 가져가며 오히려 장마철을 기다린 정황이 있기에 설득력이 더욱 떨어진다.

평양을 출발한 정벌군은 평양에서 신의주까지 200km를 20일 걸려 하루 평균 10km의 속도로 행군했다. 우왕이 수차례 파발을 보내 장마가 오기 전에 압록강을 건너라고 재촉했지만 아랑곳하지 않았다.

신의주에 도착한 후에도 비가 오길 기다렸다가 압록강이 불어난 후에야 빈약한 도하 장비로 강을 건너다가 병사들이 빠져 죽고 군심이 동요하자 선동해 반란을 일으킨 것이다.

위화도회군 후에 진군 속도는 네 배로 빨라졌다. 신의주에서 개경까지 400km를 단 10일 만에 주파(하루 평균 40km)하는 기염을 토한 것이다.◆ 활 이야기는 이성계가 사안을 지극히 자기중심적인 관점에서 봤음을 보여주는 간접적인 증거이기도 하다. 잘 알다시피 이성계는 날아가는 새도 떨어뜨릴 정도의 명궁이었다. '명궁인 내가 활 실력을 발휘하지 못하면 진다'라는 논리적 비약도 숨어 있다.

우왕이 최영을 요동에 보냈더라면

우연적인 요소가 역사의 흐름과 전쟁의 승패를 결정하는 계기를 마련하는 경우가 종종 있다. 군사학에선 이를 '힌지 팩터(Hinge factor)'라고 한다.

예컨대 나폴레옹 황제가 이끄는 프랑스군과 웰링턴 공작이 이끄는 유럽연합군이 격돌한 1815년 워털루 전투가 있다. 비가 오지 않아 전투가 아침 일찍 시작됐더라면 프로이센군이 영국군과 합류하기 전에 나폴레옹이 영국군을 궤멸시켜 승리했을지 모른다. 그랬다면 유럽의 역사가 달라졌을 것이다. 워털루 전투의 힌지 팩터는 개전 시기를 늦춰 나폴레옹의 승리를 앗아간 '비'다.

위화도회군에도 힌지 팩터가 있었다. 우왕은 요동정벌군 사령

◆ 이성계군의 행군 속도에 관해선 『전략전술의 한국사』(이상훈, 푸른역사, 2014) 참고.

관에 장인인 최영을 임명한 후 마음이 바뀌었다. 갑자기 불안감을 호소하며 최영에게 개경에 남아달라고 종용했고 최영이 마지못해 개경에 남자 부원수인 이성계에게 병권이 넘어갔다.

우왕과 최영은 군대와 멀어진 장군은 무력한 존재임을 뒤늦게 깨달았다. 명령을 어기고 개경으로 들어온 반란군은 장군, 사병할 것 없이 지면 역적으로 몰려 죽게 될까 두려워 존경하던 최영까지 제거 대상으로 삼았다.

요동정벌군 사령관 교체의 의사결정을 힌지 팩터라고 보긴 어려우나 우왕이 갑자기 '이유 없는 불안감'을 호소한 건 우연적 요소라고 봐도 큰 무리가 없어 보인다.

우왕과 최영은 안이했고 이성계의 야심을 경고했던 측근들의 말을 귀담아듣지 않았다. 만일 이때 우왕이 이유 없는 불안감을 호소하지 않았다면 최영이 출정해 요동을 접수했을 것이고 우리 민족의 강역과 역사가 달라졌을 것이다.

개혁인가 쿠데타인가

위화도회군은 역사의식을 망각한 권력 추구 집단이 주도한 명분 없는 군사 쿠데타라고 보는 게 옳다. 위화도회군이 사전에 기획된 쿠데타라는 점은 이성계 가문 사병 집단의 행보가 방증한다.

이성계가 전쟁터에 나갈 때 늘 따라다니며 큰 활약을 하던 약
2천 명의 사병 집단은 요동 정벌에 참여하는 대신 개경으로 침투
해 이성계 등 원정군 장수들의 가족을 관리했다. 이성계의 회유
에 원정군 장수들이 가족의 안위를 고려해 가담할 수밖에 없는
상황을 만든 것이다. 특정 집단이 민족의 염원이 담긴 국가의 명
령을 거부하고 권력을 탈취하기 위해 움직인 것이다. 이로써 고
구려 영토를 회복할 수 있는 기회가 날아갔다.

　　오늘날 중국이 자랑하는 석유, 철광석, 희토류 등 중요 자원이
모두 요동 지역에 집중되어 있다는 점을 감안하면 14세기 이성
계와 정도전이 주도한 정변은 많은 아쉬움을 느끼게 한다.

　　'해동육룡이 나라샤'로 시작되는 『용비어천가』가 과연 얼마나
감동이 있는가 우리 역사 교실에서 제대로 따져봐야 한다. 조선
건국을 두고 부패하고 부도덕한 왕조를 갈아치우고 신진사대부
가 유교 이념을 받아들여 새로운 나라를 건설한 것으로 설명하
고 있다. 민간에 널리 퍼지고 왕실에서도 믿고 이성계 자신도 믿
었던 불교를 억압한 건 새로운 출발이라는 점을 강조하기 위해
선택한 어색하기 그지없는 무리수로 보인다.

　　중국보다 훨씬 더 교조적인 유교 질서를 강조하고 사농공상
(士農工商)이라는 엄격한 신분 질서를 내세운 것도 기득권을 유지
하기 위해 새로운 세력의 등장을 원천적으로 막은 것에 불과하
다. 공업과 상업에 종사하는 사람들의 신분을 낮춤으로써 기술의

개발과 축적 그리고 상용화가 거의 불가능한 산업 시스템을 구축한 탓에 조선의 국력은 시간이 갈수록 이웃 나라들에게 뒤처질 수밖에 없었다.

좋은 물건을 만들면 돈을 벌고 신분이 상승하는 게 아니라 지배층의 수탈 대상이 되는 체제에서 산업의 미래를 본다는 건 어불성설이다. 게다가 일반 국민의 해외무역 활동을 금지하는 해금 정책을 실시해 조선이 국제사회의 흐름을 놓치고 우물 안 개구리로 전락하게 만들었다. 특히 조선의 개국과 더불어 정립된 통치 시스템이 신하가 왕을 견제하는 데 초점이 맞춰져 있어(왕을 근접 수행하며 왕의 언행을 일일이 적는 사관의 존재, 양반의 상소는 반드시 왕이 읽고 답을 줘야 하므로 상소가 빗발치면 왕이 업무 부담 때문에 두 손을 들 수밖에 없는 구조, 경연을 통해 왕에게 학문을 연마하게 해 국정에 쏟는 절대 시간이 부족한 점 등) 왕이 신하들의 눈치를 보는 기이한 나라가 되어 중국으로부터 '군약신강(君弱臣强)의 나라'로 불렸다.

왕이 신하들에게 휘둘리니 이해관계가 복잡하게 얽힌 사안에 대해 개선책을 내고 실행하는 게 거의 불가능에 가까웠다. 경기도에서 처음 실시된 대동법이 정식으로 도입(1608년)되어 전국에서 실시(1708년)될 때까지 100년이 걸린 사실이 좋은 예다.

앞으로 나가는 역동성이 크게 떨어진 조선의 새로운 질서가 고려에 비해 어떠한 부가가치를 창출했는지 설득력 있게 설명할 방도를 찾기 어렵다.

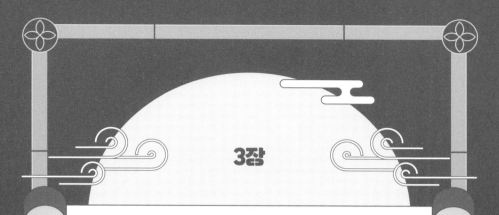

3장

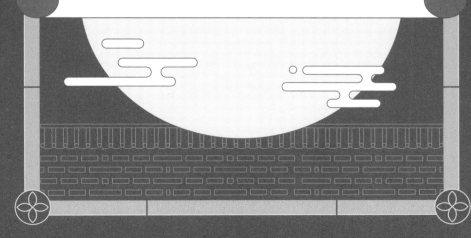

명청교체기의
국가 대전략 실패

명나라와 청나라가 대립하던 17세기에 조선은 청나라와 명나라 중 이기는 쪽에 줄을 서야 했고 결론이 나기 전에는 중립을 지키는 게 자연스러운 외교 전략이었다. 그런데 반정으로 왕위에 오른 인조가 중립을 유지하려고 노력했던 광해군의 외교 노선을 버리고 명나라 편에 서서 노골적으로 청나라를 적대시함으로써 정묘호란과 병자호란의 화를 자초했다.

광해군이 임진왜란 때 조선을 도운 명나라와의 의리를 배신하고 만주족과 내통했다는 게 광해군 실각의 명분이었기에 청나라를 적대시해야 정권을 유지할 명분을 가질 수 있었다. 당시 조선 조정은 전쟁 이후의 왕권 안위에 더 신경을 써 적극적인 군사작전을 수행하지 않았을 뿐만 아니라 수십만 백성이 전쟁 포로로 끌려가는 참극을 방관하는 만행을 저질렀다.

의문의 병자호란

1636년 병자호란과 관련해 역사 교실에서 주로 가르친 내용은 주전파와 주화파의 대립, 인조가 청 태종에게 무릎 꿇은 삼전도의 굴욕, 야만족 청나라에게 끝까지 고개를 숙이지 않은 선비의 절개, 기어이 치욕을 갚기 위해 북벌 계획을 추진했다는 것이다.

그런데 병자호란이 왜 일어났는지, 당시 동아시아 세력 판도와 조선의 외교 전략은 어땠는지에 관해선 언급이 없다. 북벌 계획의 실현 가능성에 대한 냉정한 분석도 없다.

청나라에 짐승처럼 끌려가 고초를 겪은 최대 50만 명으로 추산되는 조선 백성의 고통도 애써 외면한다. 병자호란 중에 두 나라의 주력 부대가 격돌한 전투가 없었고 압록강 도하 5일 만에 청군 선봉대가 한양에 들어왔는데도, 조선군의 방어 전략에 대한 평가가 없다. 뭔가 명쾌하지 않다.

전통적으로 우리 민족과 만주족은 발해를 같이 건국하는 등 좋은 관계를 유지했다. 반면 한족은 고조선의 멸망 과정과 백제, 고구려의 멸망 과정에서 우리 민족에게 치욕과 고통을 안겼고 조선 초기에도 공녀와 재물을 요구하며 괴롭혔다.

중원의 상황을 보면 명나라가 농민 반란과 만주족의 도전으로 내우외환을 겪으며 국운이 급격하게 기우는 중이었다. 명나라는 병자호란 후 7년여가 지난 1644년에 이자성이 이끄는 농민군에게 멸망했다.

반면 만주족은 부족 통일을 이뤄 주변 민족을 복속시키고 한족을 포섭해 홍이포와 같은 첨단무기를 자체 생산하며 신흥 강국으로 떠오르고 있었다.

그렇기에 명나라와 청나라가 대립하던 17세기 조선은 청나라 편을 들거나 중립을 지키는 게 자연스러운 외교 전략이었다. 그런데 반정으로 왕위에 오른 인조가 중립을 유지하려고 노력했던 광해군의 외교 노선을 버리고 명나라 편에 서서 노골적으로 청나라를 적대시함으로써 화를 자초했다.

인조는 왜 그런 상식 밖의 선택을 했을까? 만일 인조가 청나라 편에 섰더라면 드넓은 중원을 차지한 후 (만주를 비워놓고 중원으로 진출했던) 청나라로부터 고구려 옛 땅을 관리하는 권한을 부여받아 조선 백성을 만주로 이주시킬 기회를 얻었을지 모른다.

이처럼 의문투성이인 병자호란은 기존 역사 교실의 틀을 벗어나 전략적 관점에서 철저히 해부해볼 필요가 있다. 그렇다고 병자호란을 보는 관점을 강요하는 건 아니다. 시야를 넓혀 역사를 보다 이성적이고 전략적으로 보는 훈련을 통해 현재와 미래의 교훈을 얻으려는 시도다.

만주족의 굴기와 광해군의 지혜

명나라 정벌의 기치를 올린 누르하치가 이끄는 만주군과 명군이 1619년 사르후에서 싸웠을 때 광해군은 명나라의 요청으로 군대를 파병하면서도 도원수 강홍립에게 따로 밀지를 줘 세가 불리하면 누르하치에게 투항하도록 했다. 실제로 강홍립은 적당히 싸우다가 누르하치에게 투항했다.

임진왜란 때 명나라가 조선에 파병한 은혜, 즉 '재조지은(再造之恩)'에 대해 선조와 광해군 사이에 인식 차가 있었기에 가능한 일이었다고 생각된다. 선조는 명나라가 도와줘 임진왜란에서 이길 수 있었고 조선군은 공을 세운 적이 없다는 입장을 취했다.

『선조실록』(1602년 7월 23일)에 따르면 "중국 조정에서 군사를 동원해 강토를 회복했으니, 이는 호종했던 신하들이 충성스러웠던 덕분이다. 우리나라 장졸은 실제로 적을 물리친 공로가 없다."라고 엉뚱한 얘기를 하고 있다. 국난에 관한 자신의 책임을 회피하고 국난 극복의 공이 명나라 원군을 불러들인 자신에게 있다고 치졸하게 강변한 것이다.

반면 아버지 선조를 대신해 전장을 누볐던 광해군은 조선군을 앞세우고 뒤에서 세만 과시하는 명군의 소극적 태도와 조선 백성 갈취[*], 여차하면 조선 3도를 할양해서라도 왜군의 명나라 진입만은 막으려 시도했던 위선적 태도, 조선 군관민의 분투를 잘 알고 있었다. 광해군의 입장에서 봤을 때 조선이 명나라의 방파제 역할을 했다고 여겼을 가능성이 크다.

광해군은 명나라와 만주 사이에서 힘의 추가 어디로 기우는지를 예의주시했다. 강홍립이 광해군의 밀지에 따라 투항해 누르하치의 참모가 된 건 훗날 힘의 추가 어디로 기우는지를 파악하기 쉽고, 힘의 추가 만주로 기울 때 조선의 행마가 쉬워질 수 있는 묘책이 될 수 있었다. 하지만 광해군이 어렵게 닦아놓은 길을 인조반정이 막아버린 모양새가 되었다.

병자호란 전야: 무책임한 인조

인조반정을 주도한 세력은 스스로를 한족의 일원이라고 여기는 소중화주의에 물든 자들로 명나라를 어버이의 나라로 숭배하는 집단이었다.[**] 광해군이 사르후 전투 당시 만주족과 내통했던 사

◆ 조선 백성 사이에 '왜군은 얼레빗이고 명군은 참빗'이라는 말이 돌 정도로 명군의 수탈이 심했다.

◆◆ '토착왜구(土着倭寇)'라는 비공식 언어가 있는데 '토착한이(土着漢夷)'라는 비공식 언어도 가능할지 모르겠다.

실과 명나라와 만주족 사이에서 중립을 지키는 걸 반정의 명분으로 삼아 왕권 교체에 성공했기에 새 왕권의 명분을 강화하는 유일한 수단이 만주족에 대한 반감을 드러내는 것이었다.◆

이런 노골적인 적대 정책이 청나라 조야를 자극해 병자호란을 불러들였다. 인조 스스로도 청나라와 싸워 이길 수 없다는 걸 잘 알고 있었지만 반정의 업보라 뾰족한 해결책이 없었다.

1636년 3월 백성에게 내린 유시에 인조의 복잡한 심리가 잘 드러나 있다. 만주족 사신이 '후금국이 청나라로 칭제건원하고 홍타이지가 황제로 즉위함'을 알리려고 왔을 때 사신들을 내쫓고 내린 유시다.

"강약과 존망을 헤아리지 않고 의로운 결단을 내려, 서울 사람들은 전쟁의 참화가 눈앞에 박두했음을 알면서도 오히려 오랑캐를 배척하고 거절한 것을 통쾌하게 여기고 있다. 충의로운 선비는 각자의 책략을 다하고 용감한 사람은 종군을 자원해."◆◆

◆ 광해군이 이복동생 영창대군을 죽인 건 세조가 친조카 단종을 죽인 것과 별반 다를 게 없었다. 선조는 50세가 넘어 중전 의인왕후가 죽자 후궁 태생 서자인 광해군이 이미 세자로 책봉되어 있는데도 불구하고 10대 소녀인 인목왕후를 계비로 맞아 적자를 생산해 불행의 씨앗을 남겼다. 아버지로서 또 군주로서 자격 미달이었다.

◆◆ 『오랑캐 홍타이지 천하를 얻다』(장한식, 산수야, 2018)에서 인용.

국가가 망해도 전쟁을 해야 하고 국민이 처참하게 깨져 나가도 명분을 지키는 게 옳으니 각자 알아서 하라는 식으로 무책임의 극치를 보여준다. 국민의 생명, 재산, 자유를 지켜주는 게 동서고금을 막론하고 위정자의 기본 책무인데 우리 역사에서 고통만 강요했던 한족의 나라인 명과의 의리를 지키고자 백성이 희생을 감수해야 한다는 말도 안 되는 얘기를 하고 있는 것이다. 기세등등했던 조정의 태도와 다르게 병자호란은 이렇다 할 전투도 없이 최대 50만 명으로 추산되는 백성이 노예로 끌려가는 참극을 빚고 종결되었다.◆

정예를 산성에 가둔 도원수: 군사작전의 기본 무시

철갑기병대를 주력으로 하는 청군이 압록강을 건널 움직임을 보이자 도원수 김자점은 조선군 장병에게 산성에 들어가 전투에 대비하라고 지시했다. 정예 조선군 장병을 병자호란 내내 산성 안에 묶어 놓는 군사 상식 밖의 일이 벌어진 것이다.

◆ 쌍령 전투, 토산 전투, 동선령 전투, 광교산 전투, 김화 전투 등이 있었지만 대대 규모 내지 여단 규모급의 중소 규모 전투로 보는 견해가 지배적이다. 쌍령 전투에 참가한 근왕군의 규모가 4만 명이라고 『연려실기술』에 기록되었지만 근왕군은 예비군으로서 주력 부대가 아니며 병력 규모에도 논란이 있다.

압록강이나 대동강 전선에서 조선군 총통부대로 방어선을 구축해 청군 기병대를 공격해야 한다는 건의도 묵살되었다. 그 결과 청군 기병대가 압록강 도하 5일 만에 한양에 당도했다.

압록강에서 멀리 떨어진 황해도 정방 산성에 있던 도원수 김자점은 청군이 압록강을 도하했다는 봉화 신호를 받고도 한양으로의 알림을 두 번이나 차단했다. 지나치게 신중한 태도였다. 정방 산성 이남의 조선군과 한양의 조정에서 제때 대응하기 어렵게 하는 실책을 범한 것이다.

그는 스스로 실전 경험이 전혀 없는데도 불구하고 성 밖으로 나가 남진하는 청군 기병대를 요격하자는 부하 장수들의 의견을 무시했다. 청군의 빠른 남하를 방치해 조선군과 조정이 대비할 시간을 갖지 못하고 큰 혼란에 빠지는 결과를 초래했다. 당시 김자점이 왜 그런 결정을 내렸는지, 그가 무능해서인지 아니면 의도적으로 일을 그르치려 한 것인지 따져볼 필요가 있다.

조정이 강화도로 피신하려 했던 것도 이해하기 어려운 대목이다. 병자호란 불과 3년 전인 1633년에 공유덕 등이 이끄는 명나라 수군이 청나라에 귀순했기에 만주군은 더 이상 유목민만의 군대가 아니었다.

공유덕의 수군이 청나라로 투항할 때 저지에 나선 명군의 요청으로 조선군 총통부대가 출동해 청나라 군대와 교전했으므로 조선 조정도 청나라 수군의 존재를 잘 알고 있었을 것이다.

공유덕 함대에게 강화도는 식은 죽 먹기여서 호랑이굴로 들어가는 것과 마찬가지였고 실제로 청군의 강화도 상륙작전은 홍이포를 필두로 한 함포 사격을 시작으로 일사불란하게 이뤄졌다. 조선군은 제대로 된 저항도 하지 못하고 간단히 제압되었다. 청나라 수군의 존재로 강화도가 결코 안전한 곳이 아닌 줄 이미 잘 알고 있는 조선 조정은 왜 굳이 강화도로 피신하려 했을까?

홍타이지 국서의 비밀: 짜고 친 고스톱

조선 조정은 반정으로 어렵게 얻은 왕권을 잃을 수 있는 전쟁에 아무런 대책도 없이 뛰어든 것일까? 나름의 생존 대책이 있지 않았을까? 홍타이지가 보낸 국서의 내용에서 의외의 단서가 보인다.

> "너희 나라가 산성을 많이 쌓는다는데 만약 내가 큰길로 곧바로 한양을 향해도 산성으로 나를 막을 것인가? 너희가 믿는 건 강화도인데 내가 팔도를 다 유린해도 조그만 섬 하나로 나라를 이룰 수 있겠는가?"◆

◆ 『오랑캐 홍타이지 천하를 얻다』에서 인용.

이런 국서를 접하고도 조선군 정예병들을 산성에 묶어 놓은 김자점과 이를 승인한 인조는 '엉뚱한 계산'을 하고 있었을 가능성이 있다. 홍타이지는 조선 정벌에 앞서 몽고, 거란 등 주변 민족을 정벌했는데 심하게 저항한 부족의 지도부는 용서하지 않았지만 크게 저항하지 않고 적당히 싸우다가 항복한 부족의 경우에는 일정 수의 포로와 재화를 징발하고 지도부의 지위를 보존하도록 관용을 베풀었다.

인조 입장에서 집권 명분인 친명배청 정책을 유지하면서도 왕권을 유지하는 묘수가 없는 건 아니었다. '소극적 저항 후 적당한 계기에 항복하는 개념을 잘 구사하면 백성의 희생(최대 50만 명으로 추정되는 포로와 노략질) 위에 조정의 안위는 지킬 수 있다'라는 야비하고 지저분한 계산을 한 건 아닐까.

홍타이지가 군사작전 비밀("내가 큰길로 곧바로 한양을 향해도")을 적에게 노출한 점에서 상식 밖이라고 볼 수 있으나 조선군의 작전 지침을 내린 거라고 보면 합리화할 수 있다. "나는 한양으로 직행하니 너는 산성에 주력 부대를 묶어 놓고 강화도에 들어앉아 있다가 적당한 때(아마도 포로와 재화의 약탈이 끝났을 때) 항복하라"는 식의 해석도 가능한 것이다. 물론 인조가 강화도로 가지 않고 남한산성으로 갔으니 이 해석은 틀리다고 지적할 수 있다.

하지만 인조는 강화도로 길을 잡았다가 예상외로 빨리 진격한 청군 기병대가 강화도로 가는 길목을 점거하고 있다는 급보를 접하고 계획에 없던 남한산성으로 들어갔다.

강화도에 있던 강화도 수비대장 김경징의 행태를 봐도 이러한 해석이 일리가 있다는 생각이 든다. 김경징은 만주족이 바다를 건너올 리 없다고 큰소리치며 매일 술독에 빠져 있었다고 한다. 그는 반정공신의 태두인 영의정 김류의 아들로 이너 서클(Inner Circle)의 핵심 멤버였다. 뭔가 알고 있지 않는 한 아무리 엉터리라도 전쟁 중에 그런 태도를 보일 순 없었다.*

핵심 군사 보직인 도원수와 강화도 수비 사령관에 군사작전 경험이 없는 반정공신 김자점과 김경징을 등용한 인조의 인사도 수상하기 이를 데 없다.

군사작전의 성공보다 전쟁 중 그리고 전쟁 이후의 왕권 안위에 더 신경을 썼다는 방증이 아닐까. 즉 청나라와 짜고 친 고스톱까진 아니더라도 애초에 싸우겠다는 의지 없이 적당한 기회에 항복할 심산이었던 것이다.**

청나라는 철군하면서 포로와 관련해 묘한 지침을 내린다. 압

◆ 청군이 인조가 없는 강화도를 공격한 건 남한산성에서 주전파에 둘러싸인 인조에게 빨리 항복할 수 있는 명분을 주기 위해서라고 할 수 있다. 홍타이지로선 명군과 대치하고 있는 요동 전선을 고려할 때 조선에서 길게 보낼 시간이 없었고 마침 조선에 전염병이 돌기 시작해 청군 병영에 퍼지기 전에 철수해야 했으므로 더욱 지체하기 어려웠다.

◆◆ 필자는 필자가 제기하는 의문이 사실이 아니길 바란다. 조정에서 특정 정치집단의 이익을 지키고자 제 백성을 노예로 내주는 천인공노할 만행을 고의는 아니더라도 미필적 고의를 가지고 자행했다는 것인데 이런 업보를 갖고도 민족사의 진운이 순조로울까 걱정되기 때문이다.

록강을 건너기 전에 탈출하는 건 용인하지만 압록강을 건너고 난 후 탈출하는 포로는 조선 관헌이 청나라로 돌려보내야 한다는 지침이었다. 무슨 뜻이었을까? 지배층 포로는 가족이 와서 몸값을 흥정하라는 뜻이 아니었을까.

소중화론의 대두

조선이 청나라와 함께 중원을 도모했더라면 청나라가 조선에게 선물을 줘야 했고 그건 누르하치도 스스로 인정했듯 요동 땅을 원 소유자인 조선에게 넘기는 것이었다. 누르하치의 성이 애신각라로서 신라의 후예라는 설을 굳이 들먹이지 않아도 조선에 우호적이었던 만주족으로선 형제의 나라 조선이 후방에서 든든히 버텨주길 원했을 것이다.

만절필동(萬折必東)으로 대변되는 소중화론(小中華論)의 망령은 조선이 망하는 날까지 조선 조정을 사로잡으며 청나라를 멀리하는 비현실적 행태로 일관했다. '만절필동'은 황하가 굴절이 심해 방향이 바뀌어도 결국 동쪽으로 흐른다는 의미로 '순리대로 된다' '정해진 대로 된다'라는 뜻이다. 하지만 선조가 명나라의 구원을 계기로 명에 대한 충성을 다짐하는 뜻으로 '만절필동 재조번방(萬折必東 再造蕃邦)'이라고 쓴 이후 조선 사대부에겐 '어떤 어

려움이 있어도 명나라을 향한 충성심에는 변화가 없다'라는 의
미로 받아들여졌다.[◆]

조선 사대부들은 청나라가 중원을 평정하고 세계 제1의 제국
이 된 이후에도 청나라 연호를 쓰지 않았다. 명나라의 마지막 황
제인 숭정제를 유일한 황제로 인정하고 '숭정 00년' 식으로 표기
했다. 중국 한족의 일원으로 문화를 승계한다고 생각하는 소중화
론은 만주족이 지배하는 중원과의 관계에서 많은 굴곡을 빚었다.
나날이 발전하는 청나라의 문물을 배우려는 노력을 하지 않고
백안시함으로써 국가 발전의 실마리를 찾지 못했다.

청나라의 문물을 연구하는 북학은 18세기 후반에 비로소 박
지원, 박제가, 홍대용 등의 실학자들에 의해 활발하게 연구되었
지만 때늦은 감이 있었다. 소중화론에 따른 근거 없는 우월감을
갖다 보니 17세기 초부터 약 200년 동안 열두 차례나 일본에 통
신사를 보냈으면서도 서양과 교역하며 눈부시게 성장하는 일본
의 문물이 눈에 들어오지 않았다. 당시 세계 최대의 도시 에도(지
금의 동경)의 번화한 모습에서도 아무런 자극을 받지 못했다.^{◆◆}

◆ 1703년 숙종은 화양동 서원 안에 임진왜란 때 파병한 명나라 황제 신종과 의종을 기리기
위한 사당을 짓고 만절필동의 양 끝을 따와 만동묘(萬東廟)라고 이름 지었다. 2년 후인 1705
년에는 창덕궁 안에 대보단(大報壇)을 세워 명나라 황제들에게 지내는 제사를 공식화했다. 한
족도 하지 않는 제사를 조선에서 하는, 웃지 못할 일이 벌어진 것이다. 명분 없는 왕조를 유지
하기 위한 몸부림으로 보일 뿐이다.

◆◆ 일본인 의사가 서양에서 도입된 해부학 이론에 입각해 인체 해부에 관해 질문하자 조선인

19세기 말, 한족 출신 관료인 이홍장과 그의 부하인 20대 청년 위안스카이에 휘둘려 감국대신이라는 조선 총독 자리가 신설되고 중국의 직할 식민지화 정책에 동조한 것도 결국 소중화론이 빚어낸 왜곡된 결정이었다.[*]

　한족도 청나라에서 벼슬하는데 한족에게 당하고만 살던 동이족이 만절필동의 절개를 보였다는 것, 게다가 한족 관료들에 놀아난 것을 보면 어이가 없다. '민족 간 스톡홀름 신드롬(Stockholm Syndrome)'[**]이라고 해야 하나?

　주중 대한민국 대사가 중국에 부임해 신임장을 제정하는 자리에서 인민대회당의 방명록에 '만절필동 공창미래(萬折必東 共創未來)'라고 썼던 건 제대로 된 역사 교실이 얼마나 절실하게 필요한지 웅변하고 있다. 그 방명록이 먼 훗날 우리 후손들의 입지를 좁히는 중국 측 사료로 이용될 것 같아 걱정이다.

의사가 '배를 가르지 않고 알아야 진정한 명의'라고 일갈했다는 사례나 일본이 뮤직박스(오르골)를 선물하자 '음악에 혼이 없다'라며 돌려보낸 사례를 보면 조선 식자층이 일본에 대해 가졌던 근거 없는 우월감을 느낄 수 있다.

◆ 이홍장은 위안스카이를 내세워 조선을 직할 식민지로 만드는 과정에서 조선의 독자적 근대화를 막았다. 세관을 설치하면서 조선국 세관이 아니라 청국 세관으로 했고 전신 회사도 청나라 전신 회사의 분사무소 격으로 낮췄다. (『감국대신 위안스카이』(이양자, 한울, 2020) 참고)

◆◆ 납치범에게 오래 붙들려 있는 피해자가 가해자인 납치범과 동료의식을 느끼고 납치범을 따르게 되는 병리적 심리 현상을 말한다.

북벌 계획의 허구성

우리 역사 교실에서 병자호란을 다룰 때 만주족에 굴하지 않고 명나라를 끝까지 섬긴 주전파가 의로운 사람이라고 가르친다. 하지만 백성 수십만 명을 노예로 바친 주전파가 어떻게 의인이 될 수 있을까?

청나라에게 무력으로 복수하려고 한 효종의 북벌 계획이 대단한 기개를 보인 것으로 미화하는 것도 의미가 없다. 시대착오적인 친명 정책을 밀어붙여 백성에게 큰 상처를 준 데 대한 후환이 두려워 백성의 분노를 달래고 억누르기 위한 눈속임에 불과했다.

병자호란 때 도원수였던 김자점이 권력의 중심에서 멀어지자 북벌 계획을 청나라에 밀고했지만 청나라가 무시했고 오히려 김자점이 제거된 걸 봐도 북벌 계획의 초라한 실체를 알 수 있다. 세계 제1의 대제국이 된 청나라 입장에서 보면 북벌은 어림도 없는 일이었기에 김자점의 밀고가 통할 논리적 공간이 없었다.

고등학교 국사 수업 시간에 "만주족에게 복수하기 위해 청나라 모르게 군사를 모으고 열심히 훈련했지만 효종이 서거하면서 흐지부지되었다"라고 배우면서 효종의 용기와 적개심에 감명받고 몹시 아쉬워했던 기억이 나지만, 지금 생각해보면 허탈한 웃음이 나온다.

17세기의 실패가 주는 교훈

조상들이 현명하게 대처했더라면 17세기 명청교체기에 고구려 고토를 회복할 기회를 갖지 않았을까. 이런 관점에서 살펴본 17세기의 실패 사례는 국가 대전략 수립의 중요성을 일깨워준다.

17세기의 국가 대전략 실패는 미국, 중국, 일본 사이에 껴 있는 오늘날 한국에도 시사하는 바가 크다. 오늘날에도 국제 안보 문제를 국내의 정치적 이해관계로 푸는 실책을 반복하고 있지 않은지 돌아볼 필요가 있다.*

기업 관점에서도 합리적인 토론이 결여된 제왕적 경영은 큰 위험을 부를 수 있다. PEF(사모펀드) 분야에서 성공한 회계사가 한 말이 충격적이었다. "부실기업을 인수한 후 정상화하는 방법은 너무나 간단하고 쉽다. 오너(Owner)가 내린 지시를 모두 백지화하면 된다." 약간의 과장이 있긴 하지만 기업이 부실화된 이유가 귀를 닫고 군림하는 비합리적인 오너에게 있었다는 뜻이다.

병자호란의 실책은 기업에도 기업 대전략(Corporate Grand Strategy)을 수립할 필요가 있다는 교훈을 준다. 빛의 속도로 변하

---

* 대법원 전원 합의 판결을 뒤집은 서울중앙지방법원의 일제 강제징용 손해배상 청구권 부인 판결(2021.6.7.)이 좋은 예가 된다. 국제법상 후임 정부는 전임 정부가 맺은 조약을 이행할 의무를 승계하게 되어 있으나, 진보 정권이 보수 정권과 차별화한다는 국내 정치 목적으로 보수 정권이 체결한 한일협정을 부정하면서 일본과 갈등 국면으로 돌입했다.

는 기업 환경에 적응하려면 대외 환경적 요인을 평가하고 예측해 기업 대전략을 주기적으로 수정하고 기업의 일상적 의사결정이 기업 대전략의 연장선 위에 있는지 점검하는 노력이 필요하다.

특히 광해군이 중원의 불확실성 속에서 만주족과 명나라 사이에서 '양다리 걸치기'라는 어느 경우에도 통하는 우월적 전략(Dominant Strategy)를 썼듯 기업 또한 규제 당국과 경쟁 기업들의 행보를 감안해 우월적 전략을 짤 필요가 있겠다.

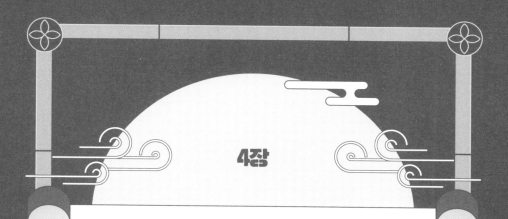

4장

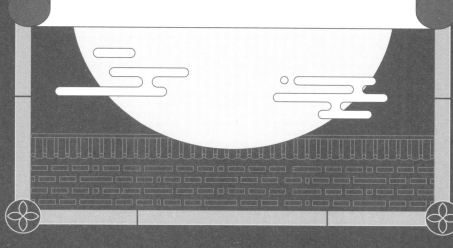

세계사 흐름을 바꾼
조선의 해금정책

조선은 건국 이후 문을 닫을 때까지 민간인의 무역 활동을 금지하는 해금정책을 실시했다. 그런데 우리 역사 교실에서 조선이 해금정책을 500년 동안 고수했다는 사실과 그로 인한 파행을 지적하는 목소리는 거의 들리지 않는다. 하지만 조선의 해금정책은 세계사의 흐름을 바꾸는 중요한 분기점이었다.

조선의 해금정책은 해양을 중요한 활동 무대로 해야 하는 반도 국가 조선의 경제를 절름발이로 만들었을 뿐만 아니라 조선을 바깥 세계로부터 단절시켰다. 또 경제, 외교 분야에서 중국에의 종속을 심화하는 결과를 초래했다. 중국과의 조공무역이 거의 유일한 대외교역 창구가 되면서 주요 상품과 자원을 중국에 의존하게 됐다.

이에 따라 조선은 형식적인 조공외교를 통한 독립 국가라기보다 시간이 흐르면서 문자 그대로 중국의 제후국으로 추락했다. 또 해금정책은 조선의 눈과 귀를 닫아 유럽에서 시작된 산업혁명의 흐름에서 소외되는 결과를 낳았다.

조선은 개국 출발선에선 금속활자, 측우기, 로켓의 원형인 신기전 등을 세계 최초로 개발한 수준급의 과학기술 국가였지만 500년을 거쳐 결국 삼류 국가로 자리매김했다. 여기에는 여러 가지 이유가 있겠지만 해금정책으로 눈과 귀를 닫은 채 바깥세상이 돌아가는 내용을 파악하지 못하고 지낸 무사안일이 크게 작용했다고 본다.

반면 개국 초기 조선에 비해 모든 면에서 뒤떨어진 후진국이었던 일본은 조선이 버린 바다를 통해 유럽과 활발하게 교역하면서 산업혁명의 흐름을 놓치지 않았다. 그리고 유럽과 미국의 문물을 적극적으로 소화해내며 번영해 세계적인 강국 반열에 올랐다. 조선을 건국한 세력이 해금정책을 채택한 이유와 배경을 살펴봄으로써 반도 국가로서 해양의 중요성을 무시한 오류를 반성하고 후세가 기억해야 할 교훈을 도출하고자 한다.

최근 우리는 세계적인 해운사인 한진해운과 STX조선해양의 파산을 목격했다. 네트워크 비즈니스인 해운업은 반도 국가로서 무역에 의존해 살아가는 대한민국에 매우 중요한 산업이고 한 번 무너지면 복구가 어려운 특성을 지녔지만 당시 정권은 큰 고민 없이 해운업 정리에 나섰다.＊

우리 역사 교실은 조선의 해금정책을 정확하게 알려주고 공과에 대해 제대로 토론하고 비판한 적이 없었기에 반도 국가에게 해양이 갖는 의미를 피부에 와 닿게 교육받은 적이 없다.

해운업을 쉽게 정리한 이유는 여러 가지로 설명될 수 있지만 조선 해금정책의 공과를 제대로 교육하지 않은 부실한 역사교육도 한몫했다고 생각한다.

조선은 왜 해금정책을 채택했나

조선은 출범할 당시 명나라에 나라 이름까지 정해달라며 저자세를 취했다.** 명나라의 신하 국가를 자처한 것이다. 따라서 많은 분야에서 명나라의 제도를 그대로 베꼈다. 명나라를 건국한 홍무제 주원장은 해금정책을 실시했다. 홍무제는 왜구의 노략질을 막는다는 명분을 내세웠지만 속내는 해안 지역의 경쟁 군벌 잔당이 해양 군사력으로 커 재기하는 걸 견제하기 위해서였다.

◆ '조선업과 해운업 중 하나를 선택해 합리화한다'라는 정책 상황 설정도 그렇지만 둘 중에 해운업을 선택한 것도 하책이고 해운업 정리의 방식을 국내 해운사로의 흡수합병으로 하지 않고 파산으로 한 것도 설명하기 쉽지 않은 선택이었다.

◆◆ 이성계가 즉위 후 명나라의 제후국을 자청하며 명나라에 나라 이름을 이성계의 고향인 화령(和寧)과 오랜 이름인 조선(朝鮮) 중 하나로 정해달라고 청했고 명나라가 조선을 택했다.

명나라는 해안 지역이 안정된 이후에도 해금정책을 계속 실시했다.[*] 중국의 땅이 넓고 생산물이 많아 자급자족이 가능하다[地大物博]는 인식이 강했기에 민간의 해상무역을 허용할 경우 생기는 부작용, 특히 해상 군사력의 대두 가능성을 경계한 거라고 볼 수 있다. 이후 청나라는 북경을 점령당한 후 남쪽으로 내려간 명나라의 잔존 세력이 해상 군사력으로 전환되는 걸 경계해 해금정책을 계속 유지했다.

조선은 경제적으로나 지리적으로 중국과 큰 차이가 있음에도 불구하고 명나라의 해금정책을 그대로 받아들였다. 상국인 명나라가 실시하니까 신하국으로서 반드시 따라야 한다는 일종의 의무감 때문이었을까?

하지만 명나라의 해금정책은 신하국들이 반드시 따라야 할 의무사항은 분명히 아니었다. 해금정책이 중국에서 계속된 이유는 중국의 땅덩어리가 크고 물산이 풍부해 국제무역의 필요성을 크게 느끼지 못했기 때문이다. 하지만 국토도 비좁고 식량 생산에 어려움이 있는 조선이 해금정책을 고수한 이유는 무엇일까?

질문에 대한 답은 직접적인 근거보다 간접적인 정황증거로 찾

◆ 영락제는 아랍계 중국인 환관 정화를 등용해 그로 하여금 아프리카와 인도, 아라비아, 미국에까지 진출하고 동남아 해상무역을 지배하게 했다. 정화의 선단에 소속된 선박들은 하나같이 길이 100미터가 넘는 대형 선박이었다. 그러나 영락제가 죽은 후 정화의 선단이 해체되고 항해기록도 모두 불태워진 후 다시 해금정책으로 돌아갔다.

을 수 있다. 고려시대에는 활발한 무역 활동이 있었고 건국 세력
도 이 사실을 잘 알고 있었다. 고려시대 벽란도에는 멀리 아라비
아에서 온 상선들도 드나들었다고 하는데 건국 세력이 민간무역
의 역할과 중요성을 몰랐을 리 없다.

이 와중에 홍무제가 해금정책을 채택한 건 조선 건국 세력이
볼 때 울고 싶은데 뺨을 때려준 격이었을지 모른다. 조선 건국 세
력의 고민이었던 건국 명분의 부족은 정권의 안정성을 떨어뜨렸
다. 상당수의 고려 신하들이 이성계 세력을 비토하며 협력을 거
부하는 상황이었기에 고려를 받드는 세력에 의해 언제든지 역공
당할 가능성이 열려 있었다.

그렇기에 해양 군사력의 등장을 미연에 막을 수 있는 해금정
책은 단비와 같은 존재였을 것이다. 해금정책으로 일단 정권의
안정성을 보장하는 게 낫다고 생각했다가 왕조가 안정된 이후에
되돌리지 않고 그대로 굳어버렸을 가능성이 있다.

조선은 현상 유지를 국가 운영의 목표로 했다. 사농공상이라
는 엄격한 신분 질서를 유지했고 충성과 예의를 강조하는 유교
를 국시로 채택했다.

조선은 광업 발전에 소극적이었고 사실상 폐광정책을 썼다.
국가를 부강하게 만들 수 있는 획기적인 은 제련기술을 발명했
지만 왕의 명령으로 사장되어 아무런 쓸모가 없게 됐다.♦

광산에는 많은 인력이 필요해 젊은 장정들이 많이 모이고 곡

괭이와 같은 강철 도구와 폭파용 화약을 쓰므로 유사시 군대로 전환하는 게 상대적으로 쉬웠다.

한양으로부터 멀리 떨어진 벽지에 사람이 많이 모이는 광산은 중앙의 감시와 통제가 쉽지 않았기에 지배층의 기득권을 유지하는 데 걸림돌로 작용할 소지가 분명히 존재했다. 19세기 초반에 일어난 홍경래의 난 때 홍경래가 광산 노동자를 모아 거병한 사실이 있다.**

조선은 역량이 형성되고 사람이 모이는 걸 경계했다고 추론할 수 있다. 따라서 민간무역을 허용할 경우 장보고와 같은 해상 세력이 생겨 왕권을 위협하는 걸 경계했을 가능성이 있다고 판단된다.***

◆ 연산군 때 광산 노동자가 획기적인 은 제련기술을 개발해 연산군이 직접 참관한 가운데 궁중에서 시연회를 열었다. 그러나 중종반정 이후 중종은 은이 사치풍조를 조장한다며 은광 개발을 금지했다. 조선이 버린 은 제련기술은 결국 일본으로 흘러가 일본을 세계 최대 은 생산국으로 등극시켰다. 일본은 당시 세계무역의 결제통화인 은을 확보해 부국강병의 길로 매진하게 된다.

◆◆ 홍경래는 운산에서 금광을 개발한다는 구실로 인근 가산, 박천의 빈농 출신이나 임금노동자를 모집하고 선동해 군졸로 삼았다.

◆◆◆ 장보고는 청해진(지금의 완도)을 중심으로 한 중계무역으로 막대한 부를 쌓았고 막강한 군사력을 보유했다. 왕위계승 투쟁에서 패배해 청해진에 피신한 김우징을 위해 5천 명의 군사를 동원해 그를 신무왕으로 추대할 정도로 신라 왕실에도 영향력을 행사한 실력자였다.

해금정책은 잘못된 선택이다: 축적된 해양 역량 포기

반도 국가인 로마는 해양이 중요한 삶의 터전이었고 지중해 무역의 주도권을 쥐는 게 국가 번영의 열쇠였기에 카르타고와 국운을 건 전쟁을 벌였다. 코끼리 떼를 이끌고 알프스를 넘은 한니발 장군이 등장하는 포에니전쟁은 세 차례에 걸쳐 발발했고 패전국 카르타고는 로마에 의해 지도에서 영원히 지워졌다.

로마는 제3차 포에니전쟁에서 승리한 후 카르타고의 재기를 막고자 생존자들을 카르타고 땅에서 추방하고 도시를 불태운 후 땅에 농사를 짓지 못하도록 소금을 뿌렸다. 카르타고를 멸망시키고 지중해의 제해권을 확보한 로마는 지중해 무역으로 충실해진 국력을 바탕으로 갈리아(지금의 프랑스), 게르마니아(지금의 독일)를 넘어 브리튼섬과 소아시아까지 영토를 확장했다.

반도 국가인 조선은 로마보다 해양이 더 절실했다고 볼 수 있다. 한반도는 비좁을 뿐만 아니라 산악 지형이어서 농토가 부족하다. 게다가 벼농사의 북방한계선에 위치해 1년에 1모작만 가능하기에 비가 제때 오지 않으면 대기근이 불가피한 악조건이다. 따라서 무역을 통해 공산품과 특산물을 팔아 부족한 식량을 메꾸는 게 필수적인 과업임에도 불구하고 조선 건국 세력은 명나라의 해금정책을 그대로 베끼는 잘못된 선택을 했다.

한민족은 반도에 거주하며 해양 역량을 축적한 민족인데 축적된 해양 역량을 사장시킨 결과를 초래한 것이다. 한민족의 해양 역량을 웅변하는 예는 네 가지를 들 수 있다.

첫째, 울주군에 있는 '반구대 암각화'다. 반구대 암각화는 신석기 시대 유물인데 놀랍게도 고래 사냥을 하는 그림이 포함되어 있다. 세계에서 가장 오래된 고래 사냥 그림이다.

둘째, 경상남도 창녕군 비봉리에서 발굴된 '비봉리 목선'이다. 소나무로 만들어진 비봉리 목선은 치밀하게 가공된 흔적을 보이며 8천 년 전에 만들어진 세계에서 가장 오래된 배다.

셋째, '혼일강리역대국지도'다. 1402년 조선에서 제작된 대형 세계지도(164cm x 148cm)로서 아시아, 유럽, 아프리카까지 표시되어 있다. 아프리카의 킬리만자로산, 남아프리카공화국의 오렌지강도 나올 정도로 세밀하다. 고려시대에 습득한 아랍 세계의 지리학 지식이 반영되어 있다. '혼일강리역대국지도'는 아프리카가 표시되어 있는 세계 최초의 세계지도다.

넷째, 세계 최초로 해전에서 함포를 운용해 승리한 민족도 우리 민족이다. 1380년 진포해전에서 최무선 장군이 화포를 이용해 왜선 500척을 불태웠다.◆

◆ 세계 최초의 함포 운용 해전은 아르네무이덴 해전(1338년)으로 알려져 있으나, 함포를 운용한 영국 해군이 프랑스 해군에 패배했기에 인정하기 어렵다.

조선과 일본의 엇갈린 행보

해금정책을 펼친 조선에서 대외 활동은 중국과의 조공외교와 일본 통신사 파견이 전부였다. 이는 조선의 산업 발전을 막는 결과를 초래했다. 좋은 물건을 만들어도 판로가 국내로 제한되어 있어 부를 축적하기 쉽지 않았고 돈을 번다 해도 신분 상승의 여지가 없다 보니 기술혁신을 이룰 동기부여가 없었다.

조선 초기와 말기를 비교해도 산업의 모습에 큰 변화가 없던 건 사농공상이라는 신분 질서가 기술의 축적과 상용화를 막았을 뿐만 아니라◆ 해금정책의 부정적인 영향도 컸다고 봐야 한다.

해금정책은 유럽에서 시작된 산업혁명의 흐름에서 철저히 소외되는 결과를 낳았다. 청나라와 일본을 통해 간접적으로나마 산업혁명의 흐름을 읽을 수도 있었지만 조선 지배층의 완고하고 낡은 사고방식이 차단막 역할을 톡톡히 했다.

일본에 갔던 조선 통신사는 늘 일본을 한 수 아래로 보면서 발달된 일본의 산업과 높은 생활 수준을 외면한 데다 그나마 19세기 초에 중단되었다. 청나라에 간 조선 사신들은 청나라의 문물

◆ 17세기 초부터 19세기 초까지 200년 넘게 조선 통신사가 일본을 방문했는데 조선 통신사가 가져오는 선물의 내용에 거의 변화가 없었다는 사실이 조선의 산업이 답보 상태에 있었다는 좋은 방증이다.

을 오랑캐의 것이라고 백안시해 배울 생각조차 하지 않아 유럽의 영향을 받아 업그레이드되고 있던 청나라의 문물을 제대로 이해하지 못했다. 청나라와 일본에 가는 사절단은 관원과 상인 위주로 기술자가 낄 자리가 적었기에 산업의 흐름을 읽어낼 능력도 부족했다.

조선은 세계사의 중요한 변곡점에서 번번이 흐름을 놓쳤다. 예를 들어 청나라가 아편전쟁에서 영국을 비롯한 서양 세력에 굴복함으로써 중화 세계가 무너졌음에도 임오군란 때 청나라 원병을 청함으로써 중국에 더욱더 예속되는 역주행을 거듭했다.*

1885년 영국 함대가 러시아의 남진을 막기 위한 전초기지로 거문도를 점령했을 때 조선은 영국이라는 나라에 대한 이해가 부족해 당시 세계 최강국 영국과 친해질 수 있는 기회를 지나쳐 보냈을 뿐만 아니라 영국과의 협상을 이홍장에게 맡기는 촌스러움을 보였다. 서양인이 낯설고 언어소통에 어려움이 있다 보니 외면해버리고 만 것이다. 물론 임오군란 때 고종이 청나라에 원군을 요청함에 따라 청나라 군대가 주둔하면서 청나라가 조선의 내정과 외치에 깊이 간여하고 있었던 시기라고 하지만 바깥세상

◆ 임오군란과 갑신정변을 거치며 청나라는 조선을 식민지화하는 정책을 추진한다. 20대 청년 위안스카이가 감국대신으로 사실상 식민지 총독 역할을 하면서 조선의 숨통을 옥죄었고 독자적 근대화를 방해했다. (『감국대신 위안스카이』 참고)

을 읽는 안목이 너무 부족했다.

이에 반해 일본은 유럽과의 교역을 통해 바깥세상을 정확하게 읽고 있었다. 일본은 아편전쟁이 끝나기 전에는 청나라 선박과 네덜란드 선박의 접근만 허용했지만 아편전쟁이 끝나자 모든 유럽 선박의 접근을 허용하기 시작했다. 그리고 당대의 최강국 영국에 접근해 동맹을 맺는 기민한 행보로 일본의 국제적 위상을 재고하고 근대화에 매진했다.

조선이 스스로 손발을 묶고 있는 사이 일본은 네덜란드를 대리인으로 또 직접 유럽, 중국, 동남아시아를 잇는 무역에 적극 나서서 막대한 부를 쌓았고 영국, 미국과 동맹을 맺고 무기 수준을 근대화했다. 축적된 부와 우수한 무기체계를 앞세워 청나라와 러시아를 꺾었다. 동아시아의 패권을 쥔 일본은 조선과 만주를 식민지로 획득하며 세계적인 강국 반열에 올랐다.

조선의 해금정책은 결과적으로 동아시아 무역을 일본이 주관하게 해 일본의 국력이 강해지는 결과를 초래했다. 조선이 동아시아 무역에 적극 참여했더라면 일본이 나서기 어려웠을 것이며 유럽 국가들과 교류할 기회를 활용해 세계사의 흐름을 읽고 대처할 수 있는 역량을 쌓을 수 있었을지 모른다.

조선의 해금정책은 중국의 해금정책과 맞물려 동아시아 무역의 주도권을 일본에 헌납함으로써 결과적으로 발밑에 호랑이를 키워 그 호랑이에게 잡혀 먹히는 결과를 낳았다.

세계사의 흐름을 바꾼 해금정책

조선의 해금정책은 중국의 해금정책과 맞물리며 세계 경제의 주도권이 아시아 대륙에서 유럽과 일본으로 넘어가는 데 일조했다. 중국이 해금정책을 통해 동남아시아, 서아시아, 아프리카의 바다를 무방비로 열어 놓은 가운데 대항해 시대에 스페인, 포르투갈 등 유럽 국가들은 아시아, 아프리카, 남미의 대부분을 식민지로 만들고 무역을 독점해 커다란 부를 쌓았다.

일본도 유럽과의 교역을 통해 성장했다. 해금정책은 경제적 측면의 이슈이긴 하나 동시에 안보 이슈이기도 했다. 해금정책은 아시아 국가들이 제국주의 열강에 시달리게 만드는 근본 원인을 제공했다. 유럽이 주도한 산업혁명이 식민지 경영과 무역 독점을 통해 큰 성공을 거두며 유럽 국가의 국력을 획기적으로 늘림에 따라 화포 체계와 군함을 혁신했고 군사 패권까지 유럽과 일본으로 넘어갔다.

나침반과 화약은 동양에서 서양으로 넘어간 발명품이었지만 유럽 국가들이 중국의 입김이 닿지 않는 지역을 식민지로 만들고 산업혁명을 이루면서 동양 우위의 세계가 점차 서양 우위의 세계로 바뀌었다.

명나라가 영락제 시대에 태평양과 대서양을 누비고 다녔던 정화의 선단이 이룬 업적을 계승하고 발전시켰더라면 어땠을까. 지리상 발견을 통한 서세동점(西勢東占)이 원천적으로 봉쇄되었을 것이며 아편전쟁을 계기로 급격하게 무너진 중화 세계의 고난도 없었을지 모른다.

또 명나라가 해금정책을 실시한 조선 초기에 조선이 적극적으로 해양 진출을 꾀했다면 어땠을까. 중국과 유럽 간의 중계무역, 동아시아의 무역을 장악해 조선의 국력이 크게 뻗어 나갔을 것이고 세계사가 다른 방향으로 흘러갔을지 모른다. 19세기 세계 최대의 도시는 일본의 에도가 아니라 한양이나 부산 중 하나였을지도 모른다.

명나라의 해금정책은 조선이 세계열강 반열에 낄 수 있는 절호의 기회를 제공했지만 조선 건국 세력의 눈, 자신들의 권력 유지에만 고정되어 있는 눈에는 보이지 않았던 것 같다.

조선은 거꾸로 자신의 손발을 묶는 해금정책으로 농토가 부족했던 반도 국가에게 중요한 해양을 방치함으로써 국가 도약의 기회를 잃었을 뿐만 아니라 백성의 생활을 좁은 농토에만 의존하며 늘 빈곤과 기아에 허덕였다. 또 바깥세상과 단절되어 있다 보니 산업혁명의 조류에 올라타지 못하고 농업사회에 머무르며 산업화의 길로 일찍 들어선 일본의 식민지로 전락하고 말았다.

새로 출범하는 정권의 안위를 보장하고자 잠정적으로 채택되었다가 굳어진 조선의 해금정책은 국가 발전에 있어 지도자의 역량도 중요하지만 도덕성과 사명감 그리고 국민에 대한 봉사

정신이 먼저 갖춰져야 한다는 사실을 웅변하고 있다.

우리 역사 교실에서 조선의 해금정책을 제대로 언급하지 않는 건 중대한 실책이며 흠결이다. 조선의 해금정책은 국가로서의 발전 한계를 미리 낮춰 놓고 백성을 궁핍하게 함으로써 국가의 불행한 결말을 예약했다고 해도 과언이 아니다.

조선의 해금정책에 대해 충분히 토론하게 함으로써 반도 국가에게 해양과 무역이 갖는 중요성을 이해시키고 자신의 권력보다 국민 생활의 안정을 더 중요하게 생각하는 사명감을 지닌 지도자를 만나는 게 국가 발전에 중요하다는 걸 확인할 필요가 있다.

해금정책으로 중국이 유일한 대외교역 창구가 되면서 중국 의존도가 심화되고 조선의 자주 독립국으로서의 지위가 약해진 사실도 주목할 필요가 있다. 대외교역이 특정 국가에 편중되지 않도록 관리하는 건 오늘을 사는 우리에게도 반드시 필요하다.

기업의 경우도 조선의 해금정책으로부터 교훈을 도출할 수 있다. 기업의 근본적인 역량 자산과 비교우위를 고려하지 않은 발전 전략은 실패하기 쉽다는 것이다.

우리는 크래프트 하인즈와 같은 세계적인 종합식품회사를 알고 있다. 우리나라에서도 CJ와 오뚜기가 글로벌 종합식품회사를 향해 정진하고 있다.

아쉬운 건 H제과의 굴곡진 역사다. 현재 명맥은 유지하고 있지만 H제과가 건설, 전자, 중공업 등 관련성이 적은 분야로 다각화하는 대신 제과 회사로서의 확고한 브랜드 파워를 기반으로 글로벌 종합식품회사를 지향하는 전략을 세웠다면 어땠을까 하는 아쉬움이 있다.

H제과의 제품을 먹고 자란 어린이들이 성장하며 다각화된 식품도 같이 소비되었을 가능성이 크다. 그랬다면 H제과가 적어도 동남아시아와 중국 시장을 무대로 세계적인 종합식품회사 위상을 선점하지 않았을까?

H제과 그룹이 근본적인 역량 자산과 비교우위를 소홀히 하는 성장 전략을 채택함으로써 경쟁력을 잃게 되었다고 봐야 한다. 이는 반도 국가로서 오랜 기간에 걸쳐 축적된 해양 역량과 비교우위를 스스로 포기한 조선의 실패와 궤를 같이 하는 것이다.

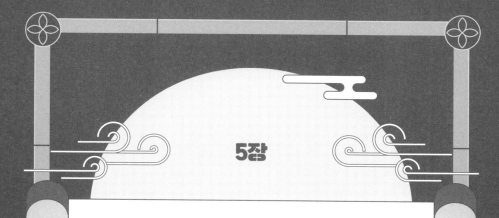

5장

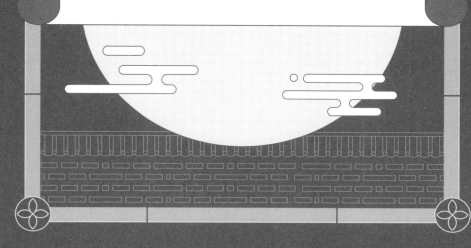

성리학 질서에 매몰된
일류 과학기술

고려로부터 세계적 수준의 기술과 경영체계를 물려받은 조선이 기술 후진국으로 전락한 이유는 기술을 육성하는 국가 시스템의 부재에서 찾을 수 있다.

사농공상을 기반으로 한 건국이념은 농업을 우선시한 반면 공업과 상업을 천시하면서 문명 발전과 무기 발전의 원동력이라 할 수 있는 기술을 경시했다. 특히 1442년 과학 천재 장영실의 비참한 퇴장은 기술 축적의 맥을 끊는 계기가 되었다.

고려시대에는 세계 일류를 자랑하는 과학기술이 수두룩했다. 먼저 고려는 세계 최초로 금속활자를 개발했다.

유네스코에 등재된 세계 최초의 금속활자 인쇄본 직지심체요절(直指心體要節)*은 독일의 요하네스 구텐베르크보다 78년 앞섰다. 목판인쇄술의 한계를 넘어서려는 시도는 당시 책의 제작과 보급이 활발했고 지식의 전파가 체계적으로 이뤄졌다는 걸 보여주는 방증이다.**

또 고려 말 최무선이 우왕의 지시로 화통도감을 설치해 화포를 개발하고 1380년 진포해전에서 수군 군함에 배치해 운용한 것도 창의적인 시도였다. 동양 최초의 함포 운용이었을 뿐만 아니라 세계 최초로 함포를 사용해 승리한 해전이다.***

또 고려 수도 개경의 상공인들은 서양보다 200년 이상 앞서 복식부기(Double Entry Book-keeping)를 사용했다. 송도사개치부법(松都四介治簿法)이라 불리는 개경 상공인들의 복식부기 기록 방식은 서양의 방식과 크게 다르지만 대차대조표, 손익계산서, 현금흐름표를 생산한다는 점에서 차이가 없었다. 또 수익적 지출과

◆ 흔히 '직지심경(直指心經)'으로 알려져 있다. 가장 오래된 고려의 금속활자는 '증도가자(證道歌字)'로서 직지심체요절보다 138년, 구텐베르크보다 216년 앞선다는 주장이 제기된 바 있으나 논란이 있다.

◆◆ 고려의 금속활자가 귀족들의 기호품이었고 대중적으로 이용되지 않았기에 '최초'라는 타이틀 이외에는 큰 의미가 없다는 주장을 펴는 사람도 있다. 하지만 금속활자가 귀족들의 기호품이라는 주장의 근거가 무엇인지 찾기 어렵다. 대중적으로 이용하지 않을 거라면 왜 나무 대신 견고한 금속을 필요로 했을지 상식적으로 이해하기 쉽지 않다.

◆◆◆ 해상 전투에서 화약 무기를 사용한 최초의 사례는 백년전쟁 기간 중 1338년 발생한 아르네무이덴 해전을 들 수 있으나 화약 무기를 운용한 영국군이 패배했기에 전술적으로 의미를 부여하기 어렵다. 적선을 불태우거나 부술 수 있는 수준의 파괴력은 갖추지 못했던 개인 화기 수준의 화약 무기였다고 봐야 하므로, 전술적으로 평가할 때 세계 최초의 함포 운용 해전은 진포해전으로 봐야 옳다고 본다.

자본적 지출을 명확히 구분했다.[*]

　독일의 지성 요한 볼프강 폰 괴테가 인류 최고의 발명품이라고 극찬한 바 있는 복식부기는 서구 자본주의 발전을 이끈 중요한 수단으로 인식되고 있다. 그런데 놀랍게도 고려가 유럽보다 앞서 사용했고 조선시대에도 계승된 것이다. 조선 초기 상업과 공업이 상당한 수준에 이르렀음을 알려주는 의미 있는 증거라고 볼 수 있다.

　이처럼 고려시대에 축적된 과학기술은 조선의 세종 대에 이르기까지 상당히 많이 계승되며 업그레이드되었다.

　일례로 세종대왕 시절 조선군의 화포체계는 세계적인 수준으로까지 올라갔는데, 세계 최초의 로켓탄이라 할 수 있는 신기전이 개발되고 권총의 원조라고 할 수 있는 10cm 내외 길이의 세총통이 개인 화기로 개발되었다.

　세종 대 세계 최초로 제작된 측우기는 강우량을 측정하는 기구라는 하드웨어 측면에서도 탁월했지만, 강우량을 측정해 비가 오는 패턴을 연구하고 자료를 축적해 농사에 활용하고자 한 게

◆ 프란체스코 수도사이자 수학자로 '회계학의 아버지'라 불리는 루카 파치올리는 1494년에 복식부기에 관한 책『산수, 기하학, 비례와 비례적인 것들의 대전(Summa de arithmetica, geometria, Proportioni et proportionalita)』을 발간했다. 이 책에 나온 복식부기 내용이 유럽 상공인들이 이미 사용하고 있는 걸 정리한 것인지 그의 창작인지 분명하지 않으나, 이미 사용하고 있는 걸 정리한 거라 하더라도 고려가 시기적으로 앞서 있었다는 게 세계적으로 인정되고 있다.

소프트웨어의 혁신이라는 측면에서 더 의미가 있다.

흔히 고려청자의 기술적 우수성과 탁월한 예술성을 이야기하며 조선백자는 그 아래 수준으로 보는 경향이 있는데 사실 조선백자는 도자기 제조기술에서 소재 혁신(진흙-〉고령토)을 이뤘다는 점에서 높이 평가되어야 한다.

진흙이 아닌 고령토로 빚어져 맑고 영롱한 빛을 발하는 조선백자는 일본인에게 보석처럼 보였고 일본은 앞다퉈 조선 도공을 붙잡아 갔다.

하지만 이처럼 세계 수준의 기술과 경영체계를 갖추고 출발해 세종대왕 시절에 꽃을 피웠던 조선은 후기에 기술 후진국으로 전락하고 말았다. 그 이유는 무엇일까?

고금을 막론하고 국가의 힘은 과학과 기술 수준에 의해 결정된다. 과학과 기술이 발전해야 산업 생산성이 높아지고 파괴력과 정확도가 큰 무기 개발이 가능하기 때문이다.

결기와 선동으로 과학과 기술을 넘어설 수 있다고 생각할 때 국가는 이미 사라진 것이나 다름없다. 과학기술이 쇠퇴하며 조선이 일본의 식민지로 전락할 수밖에 없었다.

왜 세계 수준이었던 조선 초기 과학기술이 조선왕조 500년을 거치며 하위권으로 전락했을까?

'사농공상' 건국이념의 한계

조선은 성리학을 받들면서 중농주의에 입각한 신분 질서를 구축했다. 소위 사농공상이라는 서열이 있었고 노예제도를 유지했다. 조선의 노예제도는 19세기 미국의 노예제도에 비해 가혹함에서 결코 뒤지지 않았지만 같은 민족을 노예로 삼았다는 점에서 달랐다.

조선의 엄격한 신분제도 아래서 공업에 종사하는 기술자와 상업에 종사하는 경영인들은 노예 바로 위의 하층민으로 대부분 빈곤하게 살았다. 이들은 지배층의 착취 대상이 됨으로써 제 능력을 발휘하지 못했다.

새로운 기술과 신상품을 개발해도 제대로 된 보상을 받지 못하고 자유롭게 유통하지 못하면 아예 처음부터 노력할 필요가 없어진다. 그런 면에서 조선에서의 기술 축적과 상용화를 어렵게 만든 배경에는 건국이념 그 자체가 있었다.

산업 간 서열에서 농업을 우선시한 건 중국 한나라 5대 황제 문제(文帝, BC 180~157년)의 '농자천하지대본(農者天下之大本)'이라는 산업 철학에서 비롯되었다고 전해진다.

유럽이 축적된 산업 역량을 기초로 서세동점, 지리상 발견에 나서기 시작한 15세기를 눈앞에 둔 14세기 말에 새로운 국가를 세우면서 거의 1,500년 전에 전제군주가 내세운 산업 철학을 국가 기본 철학으로 채택했다는 사실이 생뚱맞다.

조선의 건국을 주도한 정도전이 고려의 기득권층이 소유한 대규모의 토지를 개혁의 대상으로 삼아 새로운 질서를 창출하고 농민들에게 토지를 분배해 통치 기반을 다지기 위해 내세운 정치 구호인지, 진정한 국가산업 철학인지 따져볼 여지가 있다.

조선의 건국이념이 사농공상을 기반으로 했다는 사실이 가진 한계는 미국과 대조했을 때 더 분명해진다. 미국의 건국이념은 자유로운 창업과 신기술을 북돋우면서 미국의 성장 토대가 됐다.

미국의 독립선언서와 헌법에서 제시된 건국이념은 크게 세 가지로 나뉜다. 첫째로 개인의 자유(Individual Freedom)이고 둘째로 기업하는 자유(Free Enterprise)이며 셋째로 작은 정부(Limited Government)다.

나아가 미국은 유럽에 문호를 개방해 적극적으로 이민을 받아들이고 특허권 보호 제도를 세계 최초로 도입해 창의력의 가치를 인정했다.

미국의 건국이념과 이민제도, 특허권보호제도는 서로 선순환을 일으키며 독립한 지 채 100년이 지나지 않은 농업국가 미국을 세계 제1의 산업 대국으로 올려놓았다.

일례로 유럽의 기술자는 신기술을 개발해 상용화하려면 동업자조합의 동의를 받든가 왕실의 허가를 받아야 했다. 그런데 이미 기득권자가 된 동업자들이 자신의 이익을 지키려고 신기술의 적용을 쉽게 허용할 리 만무했고 왕실도 기존의 질서를 깨는 데 적극적이기 어려웠다.

이에 신기술을 가진 유럽의 기술자들은 좌절하기보다 미국행 선박에 몸을 실었다. 미국에선 자유로운 창업이 가능했고 신기술을 특허제도로 보호해주기까지 했다. 게다가 이민이 허용되니 말통하는 고향 사람들을 노동력으로 활용할 수 있었다.

19세기 이후 인류의 생활에 혁신을 가져온 발명품 거의 모두가 미국 기업에서 개발된 이유와 배경은 바로 이런 미국의 국가 시스템에서 찾을 수 있다.

건국이념, 이민제도, 특허제도로 구성된 국가 시스템의 설계가 오늘의 미국을 만든 것이다. 소위 한강의 기적이라 부르는 대한민국의 경제 발전도 자세히 들여다보면 미국식 자유기업제도를 도입했기 때문에 가능했다.

장영실의 퇴장과 신기술의 유출

그렇다면 조선의 기술은 언제부터 쇠락하기 시작했을까? 조선 건국 후 반세기가 지난 1442년이라고 봐야 할 것 같다. 1442년은 세종의 관심을 받으며 해시계, 물시계, 천문 관측 장비 등 여러 가지 발명을 주도했던 천재 과학자 장영실이 곤장을 맞고 역사에서 사라진 해다.

장영실이 세종의 어가(御駕)를 개조했는데 이동 중 무너지는 사고가 발생했다. 결국 임금에게 불경죄를 진 것이라 해서 처벌을 받은 것이다.

그런데 과연 장영실이 직접 처벌을 받을 만한 일이었는지 의심스럽다. 장영실이 손재주가 있다고는 하나 대호군 지위에 있던 그가 어가를 개조하는 일을 직접 하다가 실수를 한 것이라고 보기엔 무리가 있다. 누군가 장영실을 함정에 빠트리기 위해 그에게 책임을 씌웠거나 어가를 의도적으로 손상시켰을 가능성은 없을까?

천민 출신으로서 고위관료가 된 장영실은 벼슬이 오를 때마다 많은 신료가 신분 질서를 내세우며 불편해했다. 앞뒤가 석연치 않은 장영실의 퇴장은 이후 성리학적 질서 의식이 과학기술의 중요성을 압도하게 된 계기이자 가시적인 증거라 할 수 있다.

그의 비참한 퇴장을 지켜본 조선의 기술자들은 충격을 받고 기술 개발과 습득에 소극적인 자세를 취했을 가능성이 높다. 더군다나 세종이 죽고 난 뒤 세조 때에 이르자 집현전은 문을 닫고 만다. 그로 인해 많은 발명품이 방치되고 발명품을 운용할 수 있는 인력이 사라진 건 통탄할 일이다.

1713년 숙종이 궁중에 있는 발명품에 대해 아는 자가 없다고 탄식했을 정도로 조선의 과학기술은 퇴보하고 있었다. 궁중에 있던 해시계 앙부일구가 어디론가 사라져 1852년 철종은 앙부일구가 어디에 있는지 하문했을 정도였다고 한다.♦

이처럼 기술자를 천시하는 사회에선 기술자들이 노력하길 기대할 수 없을 뿐만 아니라 후대가 기술을 계승해 발전시켜야 할 동기부여도 부족했을 것이다.

조선에서 외면당한 신기술이 이웃 일본으로 흘러 들어가 활짝 꽃피우며 일본의 비약적 성장을 이끈 사실은 지나쳐선 안 될 역사의 아이러니다.

일본이 조선으로부터 이전받아 꽃피운 대표적인 기술은 조선백자와 은 제련기술이다. 임진왜란 때 왜군 장수들은 조선 도공을 데려다가 극진히 대접하면서 조선백자에 일본의 문화를 녹인 도자기를 만들었고 유럽에 수출해 큰 인기를 끌었다.

조선백자는 도자기 소재를 진흙에서 고령토로 바꾼 것으로 세계 도자기 역사에 한 획을 그은 발명품이었다.

일본 사가현의 영주 나베시마 나오시게가 데려간 조선 도공 이삼평은 일본에서 고령토 광맥을 찾아내 백자를 생산했다. 이삼평이 지역 신사에서 나베시마 나오시게와 같은 반열로 대우받는 걸 보면 조선과는 달리 일본에서 도공의 사회적 지위가 월등하게 높았음을 보여준다.

♦ '먹고 버린 소뼈가 성균관에 산을 이룬 이유에 대하여', <조선일보>, 2021년 6월 25일.

또 조선의 제련기술*은 일본을 세계적인 은 생산 국가로 등극시켰다. 연산군 시대에 개발된 은 제련기술인 연은분리법은 세계 최첨단의 효율성을 가진 신기술이었다.

당시 세계무역의 결제수단이 은이었기에 새로운 은 제련기술은 국가의 부를 획기적으로 늘릴 수 있는 기회였지만 흐지부지되고 말았다.

은이 많이 생산되면 사치풍조가 생긴다는 게 반정으로 왕이 된 중종이 신기술을 버린 이유였다. 성리학적 가치관에 함몰된 지식인의 시야가 어떻게 왜곡될 수 있는지 보여준 사례다.

획기적인 은 제련기술을 개발한 조선의 단천 은광산은 폐광되다시피 한데 반해 일본의 이와미 은광산은 조선의 기술을 받아들여 볼리비아의 포토시 은광산과 어깨를 견주는 세계적인 은광산이 됐다. 매장량이 많아서라기보다 제련 과정의 속도와 수율이 압도적이었기 때문이다.

일본은 당시 세계무역의 결제통화 역할을 하는 귀한 자원인 은을 활용해 세계 무역질서에 참여했고 국력을 착실히 쌓았다. 19세기 세계 최대의 인구 밀집 도시는 뉴욕도 런던도 북경도 아

◆ 양인 김감불과 장례원 소속 노비 김검동이 개발한 연은분리법은 대궐 안에서 연산군이 직접 참관한 가운데 기술 시연회가 열렸다. 납과 은이 녹는 온도가 다른 점을 이용한 기술로서 먼저 녹은 납이 소나무재에 배어 들어가게 해 제거하는 기술이다. 은 광석은 납과 은이 섞여 나오기에 분리해내는 게 과제인데 연은분리법은 효율이나 속도 면에서 세계 최고의 기술이었다.

5장 성리학 질서에 매몰된 일류 과학기술

니고 도쿠가와 막부의 수도인 에도였다.

　이렇게 이념이 산업을 누름으로써 국가 발전의 기회가 무산되었던 과거가 우리에겐 있다. 그리고 오늘날 반복되는 조짐이 보여 걱정이다. '녹색 에너지'라는 이념이 세계 최고 수준의 원전 산업을 위축시키면서 대한민국의 미래 먹거리를 스스로 내던졌던 것이 대표적 사례라고 생각한다.

　비슷한 예는 러시아 역사에서도 찾아볼 수 있다. 러시아 공산혁명 직후 보통 교육을 실시하면서 농노의 자식들도 정규교육을 받게 됐다. 인력의 풀이 획기적으로 커지고 많은 전문가가 양성되고 그들이 제자들을 훈련시키면서 소련의 과학기술은 반세기가 채 지나지 않아 세계 최고 수준이 됐다.[*]

　그리고 소련은 미국을 제치고 가장 먼저 유인 우주선 발사에 성공했다. 유인 우주선을 운용하려면 우주선과 우주선을 쏘아 올리는 로켓의 운동궤적(Trajectory)을 정확히 계산해야 하는데 그 수학적 기초가 되는 동적 프로그래밍(Dynamic Programming)을 가능케 하는 '운동방정식(Equation of Motion)' 이론이 러시아 수학자에 의해 최초로 고안된 것이다.

◆ 1941년에 개발되어 제2차 세계대전 중 동부전선에 투입된 T-34 소련군 탱크(6.25 전쟁 당시 북한군 탱크)는 기동성, 화력, 장갑방호 능력을 종합적으로 감안할 때 당대 독일군의 팬저 탱크보다 우수했고, 미국의 셔먼 탱크를 압도할 만한 수준이었다.

그런데 소련의 독주는 오래가지 않아 제동이 걸렸다. 사회주의 체제 아래선 개인의 창의와 노력에 대한 보상 시스템이 취약해 발전의 모멘텀을 계속 유지하기 어려웠기 때문이다. 우수한 학생들이 수학, 물리학, 화학, 공학과 같이 어려운 분야로 가길 꺼리면서 다시 반세기가 채 지나기도 전에 미국에 뒤쳐졌다. 그리고 개혁 개방으로 연방이 해체되는 운명을 맞이한 것이다.

사회 시스템의 중요성

국가나 기업이 영속적으로 발전하려면 사회 시스템을 합리적으로 설계해야 한다. 모든 구성원을 똑같이 대우해서도 안 되며, 구성원 간 대우에 큰 차별이 있어서도 안 된다.

모든 구성원을 평등하게 대우하면 추가적인 노력이 필요한 자리를 기피하게 되고 개인의 역량이 100% 발휘되지 않아 전체 시스템의 효율성이 떨어지며 시스템의 영속성이 위협받는다. 반대로 차별 대우가 심하면 구성원 간 단합이 어려워지고 사기가 떨어지며 공동의 목표를 추구하는 모멘텀이 사라지면서 시스템이 서서히 가라앉는다. 노력에 대한 정당한 보상이 공감을 얻을 수 있는 수준에서 이뤄지는 국가와 기업이 영속성을 얻는다.

조선은 사회 시스템의 설계 측면에서 실패했다. 소수의 지배

계층만 누리고 사는 불평등한 시스템이었을 뿐만 아니라 양반끼리만 예의를 갖추고 일반인에겐 무례한 모순된 시스템이었다.

이런 시스템에서 구성원의 힘이 모이고 과학기술이 발전하길 바라는 건 불가능한 일이었다. 조선은 출발점에선 상당한 수준의 기술력을 갖추고 창의력도 세계적인 수준이었지만 농업을 중시하고 기술을 천시하는 잘못된 시스템이 모두 뭉개버렸다.

조선 초기에는 고려의 기술자들이 능력을 발휘하고 그들에게 훈련받은 제자들도 불만스럽긴 해도 자리를 지켰을 것이다. 하지만 제자들이 후진을 양성하긴 쉽지 않았을 것이다. 지원자가 적었을 것이고 본인도 기술을 전수할 흥이 나지 않았을 것이다.

임진왜란 중에도 기관총의 원조 격인 화차, 세계 최초로 신관을 장착해 폭발 시점을 조절한 비격진천뢰와 같은 명품 화약 무기를 개발했지만 계승 발전시킬 수 있는 시스템이 아니었기에 부국강병의 길로 연결되지 못했다.

만약 조선이 세계 최첨단의 은 제련기술을 활용해 국부를 쌓고 명품 화약 무기를 계승 발전시켰다면 명나라에 이어 중원의 주인이 된 나라는 청나라가 아닌 조선이었을 것이다.

미국은 개인과 기업의 자유와 창의력을 존중하는 시스템을 만들었기에 독립 후 1세기도 채 지나지 않아 농업국가에서 산업국가로 탈바꿈해 세계 최강의 자리에 올랐다. 시장에서의 경쟁을 통해 보상 수준이 정해지는 미국의 시스템이 어떻게 창의력을 이끌

잘못 쓰인 한국사의 결정적 순간들

어내고 정당성을 부여받을 수 있는지 제대로 들여다봐야 한다.

기업의 기본 시스템은 어떤가? 한국 기업은 CEO에게 충분한 임기를 보장하지 않아 CEO가 빈 카운터(Bean Counter)*로 전락하고 있다. 단기 이익을 추구해 자리를 보전해야 하는 CEO가 장기적인 안목으로 미래를 준비하고자 신기술을 개발하고 시스템을 혁신하길 기대하는 건 무리다. CEO 자리를 가급적 많은 사람이 돌아가며 해야 한다는 잠재적 인식은 평등의식에 기반을 두고 있고 지도자의 무게를 인정하지 않는 것이다.

조선의 실패와 미국의 성공을 교훈 삼아 기업도 영속성을 갖춘 기본 시스템 설계에 관한 인식을 새로이 해야 한다.

◆ '콩을 세는 사람'이라는 뜻으로 비용 절감을 강조하는 기업의 재무 또는 회계 담당자를 가리키는 비속어.

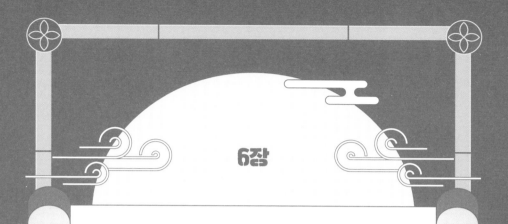

6장

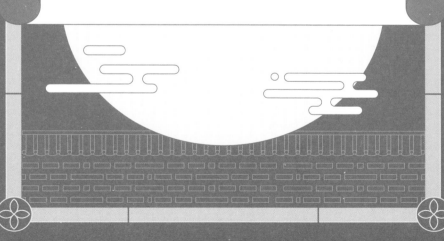

(여전히 서성이는
재조지은의 망령

재조지은(再造之恩)은 조선 제14대 왕 선조가 주창한 것으로 소중화론을 신봉하는 조선 후기 노론파 소속 양반 지배층이 금과옥조처럼 여겼다. '임진왜란 때 멸망의 위기에 몰린 조선을 명나라가 구해줘 나라를 다시 세울 수 있는 은혜를 베풀었으니 영원히 어버이의 나라로 모셔야 한다'라는 잘못된 역사 인식이다.

명나라는 이순신의 조선 수군을 비롯한 조선군의 힘을 빌려 명나라로 진격해 들어가려 했던 왜군을 조선 땅에 묶어 놓음으로써 전란의 화가 자국 영토와 국민에게 미치지 못하도록 했다. 게다가 일본과의 종전 협상에서 조선의 3도(충청, 전라, 경상)를 일본에 할양하는 안이 거론되기도 했다. 조선의 입장에서 보면 명나라가 배신을 한 것이었다.

대통령 비서실장을 지낸 정치인이 중국 대사로 부임했을 때

신임장을 제정하는 자리인 베이징 인민공회당의 방명록에 '만절필동 공창미래'라고 적어 굴욕 외교를 자청했다는 논란을 빚은 바 있다. 왜 그러한 논란을 불러왔을까?

국사 지식이 꽤 있는 수준이면 충청북도 괴산군에 있는 화양동 서원의 만동묘를 알 것이다. 만동묘는 임진왜란 때 조선 파병을 결정한 명나라 황제 신종 만력제와 마지막 황제 의종 숭정제를 기리는 사당인데 만절필동에서 두 글자를 따 온 것이어서 사실은 만절필동묘라고 봐야 한다. 만절필동은 중국의 장강이 굽이굽이 방향을 바꾸며 흐르지만 결국 동쪽에 다다른다는 뜻으로 모든 일이 순리대로 된다 또는 사필귀정(事必歸正)의 뜻을 갖고 있다.

그러나 선조가 임진왜란이 끝나고 난 후에 쓴 글 '만절필동 재조번방'으로 제후국 조선이 천자국 명나라에 바치는 변함없는 충절을 의미하게 되었다. 즉 임진왜란 때 천자의 군대를 조선에 보내 왜군을 저지해 멸망의 위기에 처했던 조선을 구함으로써 결국 나라를 다시 세워준 은혜를 입은 걸 잊지 않겠다는 충성의 맹세였던 셈이다.

조선을 나라(國)가 아닌 번(蕃)으로 낮춰 지칭한 게 눈에 띈다. 재조지은은 선조 이래 조선의 정신을 지배하는 근본이 되어 정치, 국방, 외교, 경제, 문화에 결정적 영향을 미치며 결과적으로 조선을 좁은 공간에 가둬 몰락의 길로 이끌었다.

더 무서운 건 중화주의에 입각한 재조지은의 망령이 상해 임시정부의 항일무력투쟁 전략에까지 영향을 미쳤다는 사실이다. 조선의 젊은이들이 중국군 깃발 아래 항일무력투쟁에 나서 많은 피를 흘렸지만 대한민국의 깃발 아래에서 싸운 게 아니어서 연합국의 인정을 받지 못해 전승국 반열에 오르지 못했다.

조선의 젊은이들이 흘린 피는 중국이 흘린 피가 되어 전후 질서 형성 과정에서 상해 임시정부가 아무런 발언권도 얻지 못했고 아무런 영향도 미치지 못하는 애석함을 남겼다.

조선은 재조지은을 입었을까

선조는 명나라 황제가 있는 곳을 향해 등을 돌리고 앉지 않을 정도로 명나라의 파병 은혜에 고마워했다. 동서고금을 막론하고 국가 간에는 영원한 적도 없고 영원한 친구도 없으며 외교는 실리에 입각해 이뤄지는 것인데 명나라는 아무런 이해타산 없이 무조건 조선을 도운 것일까?

답은 '아니다'이다. 도요토미 히데요시의 목적이 조선 정벌인지 명나라 정벌인지에 따라 누가 누구를 도운 것인지가 결정되는데, 히데요시는 명나라 정벌에 앞서 당시 최강국들인 스페인과 포르투갈에 자신의 명나라 정벌 계획을 통보했으며[*] 조선에 보낸 국서에도 명나라가 목표임을 분명히 밝혔다.

히데요시는 선조에게 보내는 국서에 '정명향도 가도입명(征明 嚮導 假道入明)'이라 적었다. "조선은 신하로서 명나라 정벌 길을 앞장서 인도하라. 조선의 길을 빌려 명나라에 쳐들어가고자 한다."라는 뜻이다.

명나라로선 명나라에 침입하려는 왜군을 조선 땅에서 맞이해 싸우고 조선군의 협력을 얻었으며 조선에서 식량과 물자를 얻었다. 또한 전투에서 항상 조선군을 앞세웠고 명군은 후선에서 대포나 쏘아대다가 세가 불리하면 먼저 철수해버렸다.

제2차 진주성 전투가 벌어진 1593년 일본과 강화 협상을 하던 심유경은 왜군이 진주성을 공격한다는 정보를 입수하고 명나라 군대에게 피하라고 통보했다. 결국 고립된 조선군과 조선 백성이 몰살될 때 명군은 방관했다. 명군을 온전히 보존하고 조선군이 앞장서 싸우게 하는 게 명나라의 의도임을 알 수 있는 확실한 사례다.

◆ 히데요시의 국서를 받은 필리핀의 스페인 총독은 왜군이 조선을 거쳐 명나라를 공격한다는 말을 믿지 않았다고 한다. 조선이 산악 지대라서 돌파하기 쉽지 않다는 인식을 갖고 있었기 때문이다. 그래서 혹시 필리핀을 노리는 게 아닌지 의심했다고 한다. 여기에서 16세기 말, 그러니까 조선이 해금정책을 펴며 바다를 버린 이후 200년 동안 조선 밖에서 상당한 수준의 동서 교류와 지식 공유가 이뤄졌음을 알 수 있다.

수세에 몰려 남해안에 웅거하고 있는 왜군을 공격해 조선에서 몰아낼 생각도 없었고 일본이 전쟁을 끝내는 조건으로 조선의 하삼도(경상, 전라, 충청)를 일본에 떼어줄 생각도 하고 있었다. 조선의 강토와 백성을 보호할 의도 없이 명나라의 안위만 생각했다는 명백한 증거다. 명군 장수들은 걸핏하면 조선의 대신과 장수들을 무릎 꿇리고 구타하는 만행을 서슴지 않았다.

명나라 입장에서 생각할 때 군사 전술 측면에서 보면 왜군이 중국 땅에 들어오기 전에 막고 왜군을 조선 땅에 묶어두는 게 최선이었다. 왜군을 격파해 조선 땅에서 몰아내는 것도 명나라 입장에서 보면 하책이었다. 조선에서 왜군이 패퇴하면 히데요시가 격노해 산동이나 광동으로 직접 왜군을 상륙시킬 가능성도 감안해야 했기 때문이다.

이순신 장군이 이끈 세계 최강의 수군과 조선 육군이 운용한 세계 최첨단 화약 무기인 화차, 비격진천뢰가 명나라를 구한 것이지 명나라가 조선을 구한 게 아니다.

선조가 재조지은을 내세운 이유

명군의 소극적인 전투 의지, 그리고 조선의 하삼도를 일본에 할양하는 방안을 명나라가 고려했던 사실을 보면 명나라가 조선을 도운 게 아니라 조선이 오히려 충격 흡수를 위한 안전판 역할로 명나라 본토가 위험에 빠지지 않도록 도운 것이다. 그런데 왜 선조는 재조지은을 내세웠을까? 두 가지 이유를 들 수 있다.

첫째, 조선 조정이 임진왜란을 미리 예측하고 대비하지 못해 명나라 조정에 근심을 끼쳤으므로 선조에게 책임을 물을 가능성이 존재했기 때문이다. 실제로 임진왜란 중 명나라 조정 일각에서 선조 폐위가 거론된 적이 있다. 따라서 명나라 조정에 대한 무한한 충성심을 공개적으로 표명해 왕위를 지키고자 한 절실한 이유가 있었던 것이다.

선조는 명나라 조정의 눈치를 보는데서 받는 스트레스를 여러 차례의 선위파동으로 표출하며 세자 광해군과 신료들에게서 자신의 입지를 확인하고자 하는 치졸한 행동을 했다.

둘째, 백성에 대한 권위 손상을 최소화해 왕권을 지키고자 한 얄팍한 술수라고 할 수 있다. 백성과 궁궐을 버리고 명나라로 도주하려 했던 왕에게 조선 백성은 분노했다. 왕궁을 약탈하고 불을 지른 백성의 반감을 선조는 누구보다 잘 알고 있었고 내심 크게 경계했다.

이순신 장군을 야박하게 대하며 목숨을 빼앗으려 한 것이나 의병장들을 오히려 잔인하게 탄압하면서 단 한 명의 의병장도 공신 목록에 올리지 않은 치졸함을 보인 근본 원인이었다.

즉 전란을 극복하는 데 조선 군민이 공을 세운 바 없고 천자의 군대를 보낸 명나라 황제의 은혜로 나라를 구한 거라고 강변하면서 전란 극복의 공은 명나라 원군을 불러들인 자신에게 있다는 궤변적 논리를 편 것이다.◆

전란에 공을 세운 군인에게 수여한 선무공신은 열여덟 명에 불과하지만 선조를 의주까지 모신 공로를 인정받은 호성공신은 여든여섯 명이며 이 중 내시가 선무공신보다 많은 스물네 명이나 되는 기막힌 억지 논공행상을 주도한 이도 선조였다. 재조지은은 선조의 신념도 아니고 철학도 아니고 그저 바람막이이자 자기합리화를 위한 억지에 불과했다.

재조지은에 입각한 임진왜란 논공행상은 조선군 관민의 국가에 대한 신뢰와 충성심을 뿌리부터 흔들어 놓았다. 적을 피해 도망간 자가 적을 맞아 싸우다 죽은 자의 땅까지 빼앗아 먹는 것과 다름없는 논공행상을 보며 나라를 위해 충성하고 목숨 바쳐 적과 싸울 백성이 어디에 있겠는가?

병자호란이 일어났을 때 정규군 장수들이 눈치를 보며 청군과 이렇다 할 대규모 전투를 회피한 것이나 대오를 제대로 갖춘 의병이 일어나 싸운 기록이 없는 건 지극히 당연한 귀결이었다. 재

◆ 『선조실록』에 나오는 선조의 망언을 소개한다. "원균이 승전하고 노획한 공이 이순신과 같았는데, 도리어 이순신에게 빼앗긴 것이다.", 선조 36년 6월 26일. "중국 조정에서 군사를 동원해 강토를 회복했으니, 호종했던 신하들이 충성스러운 덕분. 우리나라 장졸에 있어선 적을 물리친 공로가 없다.", 선조 35년 7월 23일.

조지은을 합리화하기 위해 선조에 의해 왜곡된 임진왜란 논공행상은 조선 신민의 통합정신을 와해시키며 왕조 몰락의 시작을 알리는 불길한 서곡이었다.

병자호란 부른 재조지은

민족사 최대 치욕 중 하나인 병자호란은 겪지 않아도 될 전쟁이었지만 조선 지배층의 이해가 복잡하게 얽혀 스스로 불러들인 재앙이었다. 그 재앙을 부른 게 재조지은이라는 망령이었다.

대북이 장악했던 광해군 조정에서 소외되었던 서인은 광해군이 영창대군을 죽이고 명목상 모친인 인목대비의 폐비를 계기로 명나라와 만주족 사이에서 중립을 지키고자 한 광해군의 실리외교가 명나라가 베푼 재조지은을 저버리는 거라 하여 반정을 일으켰다. 반정 이후 등극한 인조와 서인 세력은 대륙의 세력 판도 추이를 무시했다. 반정의 명분인 재조지은에 입각해 친명배청을 분명히 하며 만주족을 향해 날카롭게 날을 세워 정묘호란과 병자호란을 불러들였다.

형제의 맹을 맺고 마무리된 정묘호란은 비교적 소규모인 만주군 3만 명이 침입하고 평안도 이남으로 내려오지 않아 큰 피해가 없었지만, 병자호란은 만주철갑기병대 팔기군의 주력이 남하해 한양까지 점령했으며 최대 50만 명으로 추산되는 조선 백성이 포로로 잡혀가는 비극을 초래했다. 병자호란이라는 비극을 감수하면서까지 친명배청을 고수한 이유는 재조지은에 집착했기 때문이다.

명나라를 배척하고 만주족에 다가가는 건 반정 세력 스스로 본인들의 정치적 입지를 부정하는 것이었다. 청 태종 홍타이지의 황제 즉위를 알리려 입국한 청나라 사신들을 내쫓은 뒤 인조가 백성에게 내린 유시 내용이 고뇌의 흔적을 남기고 있다.

> "강약과 존망을 헤아리지 않고 의로운 결단을 내려, 서울 사람들은 전쟁의 참화가 눈앞에 박두했음을 알면서도 오히려 오랑캐를 배척하고 거절한 일을 통쾌하게 여기고 있다. 충의로운 선비는 각자의 책략을 다하고 용감한 사람은 종군을 자원해."

백성의 생명과 재산을 보호해야 할 국정 책임자가 한 이야기치고는 무책임의 극치라고 아니 할 수 없다. 결국 본인들의 집권 명분인 재조지은을 지켜 반정으로 얻은 지위를 지키겠으며 그 결과 만주군의 침입으로 발생할 백성의 피해는 백성이 알아서 감당하라는 황당한 논리를 '존망을 헤아리지 않는 의로운 결단'이라고 포장하고 있다.

'존망을 헤아리지 않는 의로운 결단'이 허용되는 정치체제는 없다. 절대군주라 해도 백성의 생명과 재산을 마음대로 내던지는 순간 권위를 잃고 자리에서 쫓겨나는 게 역사의 상식이다. 그런데도 조선 조정은 어떻게 명맥을 이어갔는지 신기할 따름이다.*

근대화를 막은 재조지은: 소중화론

병자호란이 끝난 후 청나라가 산해관을 넘어 북경을 점령하고 명나라가 멸망하자 조선 사대부들은 한족 문명, 즉 중화(中華)가 명의 제후국이자 재조지은의 은혜를 입은 조선에 유일하게 존재한다고 생각했다. 그래서 명나라가 망한 지 60년이 지난 1704년(숙종 30년)에 송시열의 유지를 받든 제자 권상하가 주축이 되어 화양동 서원에 만동묘를 짓고 조선 파병을 결정한 명나라 신종 만력제와 마지막 황제 의종 숭정제를 기린다.**

또한 창덕궁 안에 대보단(大報壇)을 쌓고 신종과 의종 그리고 초대 황제 태조 홍무제에게 제사를 올렸다. 조선이 중화의 전통

◆ 병자호란의 참화가 할퀴고 지나간 조선의 민심은 흉흉했을 것이다. 평안도, 황해도, 경기도에서 50만여 명의 젊은 남녀가 잡혀 갔으니 민심을 잡아둘 게 필요했다. 필자는 북벌 계획이 그 역할을 했을 거라고 본다. 백성의 원통함을 씻어준다고 하면서 비상동원체제로 성난 민심을 억누를 수 있기 때문이다. 사실 북벌 계획은 세계 최강국을 상대로 하는 것이라 조선의 피폐해진 역량으로는 불가능한 일이었다. 이를 누구보다도 잘 아는 조선 조정이 북벌 계획을 추진하며 대국민 사기극을 행한 죄는 용서받기 어렵다.

을 지킨다는 소중화론은 조선 사대부들의 선민의식과 우월감을 고취해 청나라와 일본의 문물을 오랑캐의 문화라고 백안시하는 오류를 범하게 했다.

소중화론이 어느 정도인가 알려주는 사례가 있다. 연암 박지원의 『열하일기(熱河日記)』가 일종의 불온서적 취급을 받은 사실이다. 연암은 『열하일기』에 명나라의 마지막 연호 숭정을 쓰지 않았다는 이유로 조선 사대부들의 비난을 받았다. 조선은 청나라 연호를 쓰지 않았고 '숭정 00년' 식으로 표기했는데 연암은 『열하일기』에서 '전란이 끝난 후 00년' 식으로 표현했다.

1700년대는 대항해 시대가 끝나고 국제무역이 활발히 이뤄진 시기였으며 산업혁명이 태동하기 시작한 시기였다. 중국과 남미 유럽을 잇는 삼각무역도 활발해 유럽의 발달된 문명이 청나라로 흘러들어 왔고 일본도 나름대로 네덜란드 상인을 앞세워 세계교역의 한 축을 담당하며 유럽과 소통하고 있었다.

해금정책을 고수한 조선에게 청나라와의 조공무역과 일본에 보낸 조선 통신사가 18세기 산업기술의 흐름을 감지할 수 있는

◆◆ 의종 숭정제는 파병 결정과 무관하지만 이자성의 농민군이 자금성에 들이닥치자 스스로 목숨을 끊은 사실을 송시열이 높이 평가했고, 민정중이 사신으로 갔다가 받아 온 숭정제의 친필 '비례부동(非禮不動)'을 접하고 감격한 송시열이 의종 숭정제도 모시도록 권상하에게 당부했다고 한다.

유일한 통로였지만 사절단을 이끈 조선 사대부의 중화의식*은 청나라의 문물은 명나라의 것이 아니라고 배척하고 일본의 문물은 아예 눈에 들어오지도 않았다.

19세기 중반 세계 최대 도시는 도쿠가와 막부의 수도인 에도였지만 조선 사대부의 눈에는 번성한 에도가 산업, 기술, 무역 차원에서 어떤 의미를 갖는 것인지 이해하지 못했다. 이해하려고 하지 않았다는 게 더 정확할지 모르겠다.

18세기 중반 조선 통신사를 따라간 조선 의원 남두민과 일본 의원 기타야마 쇼우 간의 대화가 문제의 본질을 잘 말해준다. 일본 의원이 당시 일본에서 관심을 끌었던 인체 해부에 관해 조선 의원의 의견을 묻자 "갈라보지 않고 알아야 진정한 의술"이라고 꾸짖는다. 틀린 얘기는 아니지만 모든 의사가 신들린 명의가 될 순 없는 노릇이니 필요하면 갈라봐야 하는 것 아닌가?

조선은 그렇게 자기만의 관념적 세계에 갇혀 지내며 산업, 기술, 무역의 차원에서 볼 때 세계의 중심에서 점점 멀어져 결국 역사의 뒤안길로 사라진다. 중화주의 세계관의 종말을 가져온 아편전쟁(제1차 1840년, 제2차 1856년)이 끝난 후 일본은 유럽과 미국에

---

* 조선 사신은 사행길에 나서 중국 역사에서 충절의 인물로 알려진 백이와 숙제가 묻힌 이제묘(夷齊廟)를 방문하고 고사리를 먹는 의식을 행하며 몰래 명나라에 대한 의리를 다졌다고 하는 얘기가 있다. 그 정도로 조선 사대부의 중화의식은 독특하고 완고한 것이었다.

문호를 개방하며 탈아시아 정책(탈아입구, 脫亞入歐)을 추진해 중국 중심의 아시아 질서를 넘어서고자 노력했다.◆

　그러나 조선은 임오군란이 일어났을 때 청나라에 원병을 청하는 실책을 범해 청나라의 한족 출신 관료들에게 휘둘리며 청나라에 더욱 예속되는 잘못된 길◆◆을 택해 일본의 식민지로 전락한다. 재조지은에 입각한 소중화론에 갇힌 조선 사대부의 안목이 조선을 비현실적인 관념의 세계에 묶어뒀기 때문이다.

항일무력투쟁의 정신적 한계를 설정한 재조지은

봉오동 전투와 청산리 전투에서 대대 내지 연대 규모의 전술적 승리를 거둔 독립군 세력은 이후 일본군의 대대적인 추격을 받으며 급격히 하강 곡선을 그렸다. 두 전투 이후 중국과 러시아로 흩어진 독립군 세력은 이후로는 독자적으로 이렇다 할 의미있는 군사

◆ 아편전쟁 이전에는 청나라 선박과 네덜란드 선박을 제외한 다른 나라의 선박에 포격을 가하도록 해 1837년 미국 상선 모리슨호를 격침시키기도 했으나, 아편전쟁에서 청나라가 지는 걸 보고 유럽 선박과 미국 선박에 포격을 가하지 않도록 조치했다. 일본이 바깥세상을 주시하며 적절한 대응을 하고 있었다는 증거다.

◆◆ 1885년 일개 청나라 청년 장교 위안스카이가 26세의 나이로 감국에 올라 실질적으로 조선 총독 노릇을 하고 조선을 직할 식민지화하며 조선의 근대화를 방해한 사실을 역사교육에서 다루지 않고 있다. 이에 대해선 『감국대신 위안스카이』를 참고.

적전을 실행하지 못했고 주로 중국 깃발 아래서 일본군과 싸웠다.

조선의 젊은이들이 장제스와 마오쩌둥의 군대에서 용감하게 싸우며 많은 피를 흘렸지만 태평양전쟁이 종료된 후에 상해 임시정부는 전승국 지위를 얻지 못했다. 상해 임시정부가 태평양전쟁이 시작되자 일본에 선전포고를 하긴 했지만 정작 상해 임시정부의 깃발을 들고 전투에 참여하지 않았기 때문이다.

당시 미국과 중국의 관계를 보면 미국이 압도적 우위에 있었다. 중국이 항일무력투쟁을 하는 데 있어 물자와 장비를 미국에게 의존하고 있었고 특히 공군 전력을 많이 의존하고 있었기 때문이다. 따라서 상해 임시정부가 미국 당국에게 중국군 내부의 조선인 존재를 알리고 이들을 태평양 전선으로 차출해 태극기 깃발 아래 군대를 편성해 미군과 함께 싸우도록 할 수 있는 방법이 없는 건 아니었다.

태평양의 섬에서 전원 옥쇄의 각오로 끝까지 대들며 미군의 최대 출혈을 강요하던 일본군에게 시달리던 미군으로선 조선 젊은이들을 장제스와 마오쩌둥으로부터 차출해 태평양 전선으로 돌리겠다는 상해 임시정부의 제안에 환호하면서 협조했을 것이다. 그렇다면 상해 임시정부는 왜 이런 아이디어를 내지 못했을까? 구한말 유림들의 의식 내면을 지배하던 재조지은과 중화의식 때문이라고 본다.

유학자인 유인석 의병장은 수화종신(守華終身), 즉 "죽는 순간까지 한족의 중화 문명을 지켜야 한다"라는 구호를 의병 활동의 목표로 내세웠다고 알려져 있는데, 이렇게 존화양이(尊華攘夷)에 입각한 항일무력투쟁은 조선을 일제로부터 해방시킨다는 개념보다 일본 오랑캐에게 빼앗긴 소중화를 되찾고 지키는 개념이 우선이었다.

조선의 젊은이들이 중국 깃발 아래서 일본군과 싸우는 게 낯설게 느껴지지 않을 것이고 조선의 젊은이들이 흘리는 피가 국제 관계에서 어떤 의미를 갖는지 눈여겨보지 못하는 건 어쩌면 당연한 일이었다. 아쉽고도 아쉬운 일이 아닐 수 없다.

16세기 말과 17세기 초 두 차례의 큰 전란을 치르는 과정에서 비뚤어진 군주들과 그 신하들이 자신들의 지위를 공고히 하고자 날조한 재조지은과 소중화론이 조선의 생명을 빼앗았을 뿐만 아니라 조선의 부활까지 가로막은 암적 존재가 된 것이다.

일본에게 선전포고만 하고 실제 전투에는 깃발을 앞세우고 참전하지 못해 전승국 지위를 얻지 못한 채 남북분단을 지켜보기만 한 상해 임시정부가 대한민국의 기원이라고 주장하는 목소리는 검증받아야 한다. 어떤 학문적 근거와 역사적 사실을 가지고 상해 임시정부가 적통이라고 주장할 수 있는지 설득력 있는 설명이 필요해 보인다.

현재의 외교 관계를 규정짓는 재조지은의 망령

우리 언론은 중국에 관대하고 일본에 엄격하다. 왜 그럴까? 일제 강점기의 아픈 추억 때문이라면 19세기 후반 한족 후예인 감국대신 위안스카이 치하에서 신음하던 청나라 식민지 조선은 왜 언급되지 않는가? 지난 2천 년 동안 중국이 한반도에서 행한 갑질의 총량이 같은 기간 일본이 한반도에서 행한 갑질의 총량보다 훨씬 크다는 생각을 해본 적이 있는가?◆

문재인 전 대통령이 중국을 방문했을 때 우리 수행 기자단이 중국 공안 요원들에게 폭행을 당했는데 왜 공식 항의조차 제대로 못하고 국내 언론은 축소하기 바빴을까? 만약 일본을 방문하는 자리에서 유사한 사고가 발생했다면 비분강개한 언어로 맹폭을 할 우리 언론이 아닌가?

외교도 마찬가지다. 중국이 예를 갖추지 않는 건 대국의 풍모로 이해해주는 반면 일본의 조그만 외교 실수도 절대로 용납하지 못한다. 구한말 열강이 한반도에 출몰하고 일본이 조선의 주권을 위협할 때 유림이 내세운 존화척왜(尊華斥倭), 즉 "한족의 중화 문명을 지키기 위해 왜적을 몰아내자"라는 구호에서 한 발짝도 나아가지 못하고 있는 것이다.

◆ 중국의 갑질에 관해선『중국 갑질 2천 년』(황대일, 기파랑, 2021) 참고.

재조지은의 망령은 우리의 외교정책에까지 나쁜 영향을 미치며 아직도 우리 주변에서 서성거리고 있다.

17세기 초에 잘못 설정된 재조지은이라는 어젠다가 조선을 갉아 먹으며 존재하더니 21세기에 들어선 지 한참 지난 지금까지도 우리 주변에서 서성거리며 폐를 끼치고 있는 걸 보면 한 번 설정된 어젠다. 그것도 최고 권력자가 설정한 어젠다가 갖는 위력과 지속성은 상상을 초월한다는 사실을 알 수 있다.

기업도 마찬가지 경우가 있지 않을까? 창업주가 설정한 어젠다가 절대적 권위를 발하며 대를 이어 계승되고 있는 게 목격된다. 그렇다면 창업주의 어젠다가 현재의 경영전략에 절대적인 영향을 미친다는 얘기다.

수십 수백 년을 관통할 만한 어젠다가 설정되어 있다면 다행이지만 시대를 넘어설 수 없는 어젠다가 시대를 넘어 계승되어 온다면 기업 성장의 발목을 붙잡고 있는 것인지도 모른다. 창업주의 어젠다를 계승하며 신주 단지처럼 모시는 미덕이 반드시 바람직한 게 될 수 없는 것이다.

그렇기에 기업들은 창업주의 어젠다가 시의성이 있는지 한 번쯤 진지하게 고민해야 한다. 월급쟁이 고용 사장은 감히 입 밖에도 내지 못할 것이니 경영을 승계한 그룹 총수만이 할 수 있는 역사적 과업이다.

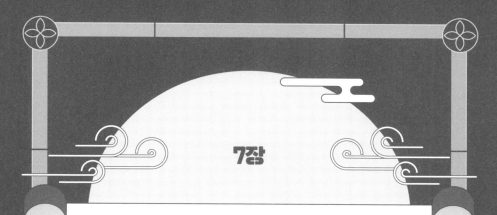

7장

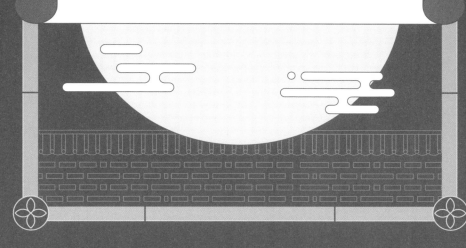

신립 장군의 결정이
옳았던 이유

임진왜란 때 신립 장군의 탄금대 전투 패배는 전술적인 측면에서 지나치게 부정적인 평가를 받는 경향이 있다.

하지만 신립 장군이 조정으로부터 부여받은 임무, 적군의 상태, 아군의 전투력, 지형 등을 종합적으로 고려했을 때 신립이 새재(조령)가 아닌 충주 탄금대에서 결전을 치른 건 합당했다고 볼 수 있다.

전투 당시 날씨가 좋지 않았고 왜군의 전술에 대한 사전 정보가 부족해 신립의 기병대가 제힘을 쓰지 못한 게 주요한 패인이었다.

신립이 비난받는 이유

신립 장군(1546~1592)은 조선 시대 임진왜란 전까지만 해도 이순신, 권율 장군만큼이나 칭송 받는 뛰어난 무사였다.◆ 하지만 임진왜란 때 험난한 지형인 새재에 방어진지를 마련해 전투를 하자는 부장들의 건의를 받아들이지 않고 평야에서 기병을 활용한 정면 돌파를 주장해 충주 벌판의 탄금대에서 왜군과 맞섰다가 참패를 당했다. 패배의 치욕을 견디지 못한 그는 결국 남한강에 투신해 순절했다.

　중요한 전투에서의 패배는 그에게 씻을 수 없는 역사적 오명을 남겼다. 특히 그가 새재가 아닌 탄금대를 택한 전술은 당대에도 많은 비판을 받았는데, 오늘날에는 이를 둘러싼 민간 설화가 TV 프로그램을 통해 확대 재생산될 정도로 폄하되고 있다.

　민간 설화의 줄거리는 여러 가지 세부 버전이 있지만 뼈대는 다음과 같다. '신립 장군이 젊은 시절 어느 여인의 원한을 산 적이 있다. 새재에서 왜군과 결전을 치르기 직전 그 여인이 꿈에 나타나 "새재를 버리고 탄금대로 가면 필히 승리한다"라고 하여 그

◆ 신립은 22세 나이에 무과에 급제했고 1583년 은성부사로 있을 때 여진족 추장 니탕개의 난을 진압해 이름을 떨쳤다. 임진왜란 2년 전에 평안도 병마절도사가 되었고 임진왜란이 일어나자 삼도 도순변사가 되었다. 니탕개의 난을 제압할 때 기병대를 잘 운용해 승리를 거뒀는데 아마도 이때의 승전 기록을 참고해 주력 부대를 궁기병으로 편성했을 가능성이 크다.

대로 따랐다가 크게 졌다. 여인의 원혼이 복수를 한 것이다.' 이 이야기에 따르면 신립 장군은 꿈에 나타난 처녀 귀신의 말을 그대로 믿고 움직인 어리석은 사람처럼 보인다.

이 밖에도 신립 장군이 비난을 받는 이유는 다양하다.

첫 번째 이유는 지형에 관한 결정 때문이다. 높고 험한 곳인 새재를 점령해 방어하면 유리한데 평야 지대를 선택한 건 잘못이라는 것이다. 보통 높은 곳에서 아래를 내려다보고 싸우면 유리하다. 화살이나 총탄도 더 멀리 날아가고 몸끼리 부딪치는 육박전을 벌일 때도 상대적으로 힘을 쓰기 수월하다.

두 번째 이유는 종사관 김여물 등 일부 부하 장수들이 새재에서 싸워야 한다고 건의했지만 별다른 설명과 토론 없이 독단으로 탄금대를 선택했다는 것이다. 그러나 『선조수정실록』을 들여다보면 신립 장군은 말을 타고 활을 쏘며 싸우는 궁기병이 주력 부대이므로 산악에서 싸우기보다 평야에서 싸우는 게 나을 거라 답했다고 한다.

세 번째 이유는 유명한 인물들의 신립에 대한 부정적 견해 표명이다. 다산 정약용이 새재를 넘으며 신립 장군의 결정을 아쉬워했다고 전해진다. 또 적장 고니시 유키나가는 새재에 정찰 부대를 보내 조선군의 배치 상황을 파악하려 했는데 조선군이 없다고 보고하자 믿기지 않는다며 또 다른 정찰 부대를 보내 조선군이 없음을 확인한 후에야 병력을 새재로 진출시켰다. 새재를 통과하며 유키나가는 "조선에는 병법을 아는 자가 없구나"라며 신립의 결정을 폄하하고 조롱했다고 전해진다.

그런데 신립 장군의 선택을 비난하는 근거들을 자세히 살펴보면 논리적인 허점이 있다. 신립의 전술 결정을 현대 군사학의 관점에서 재평가하면서 시사점을 분석하고자 한다.

METT-TC 관점에서 본 신립의 결정

신립을 비난하는 주된 근거는 높고 험한 곳에 진을 치지 않았다는 것이다. 하지만 역사를 살펴보면 높고 험한 곳이 반드시 승리를 보장하는 건 아니다.

한 예로 서기 228년 촉나라와 위나라 간에 벌어진 가정(街亭) 전투에서 높은 곳에 진을 친 촉나라 군대가 크게 패했다.

촉군 사령관 제갈량은 자신의 후계자로 여기며 아끼는 마속을 가정 전투의 지휘관으로 파견하며 반드시 낮은 곳에 진을 치라고 당부했다.

하지만 마속은 자기 재주만 믿고 병법의 상식대로 높은 곳에 진을 쳤다. 부장으로 같이 간 왕평이 승상의 지시를 상기시키며 제지하려 했지만 교만한 마속은 자기 고집대로 밀고 나갔다.

위군 사령관에 임명되자마자 요충지 가정을 확보하려고 달려

온 사마의는 촉군이 먼저 와 진을 친 걸 보고 '과연 공명은 대단하다, 내가 올 것을 미리 알아차렸구나' 하며 실망했지만, 자신의 예상과는 달리 촉군이 산 위에 진을 친 걸 보고 '원숭이도 나무에서 떨어질 때가 있다더니 공명도 실수하는구나'라고 쾌재를 부르며 공격을 가하지 않고 촉군을 완전히 포위하는 작전을 썼다.

그 결과 이렇다 할 무력 충돌이 없었지만 촉군이 스스로 무너렸다. 촉군이 진을 친 산꼭대기에는 마실 물이 없었기에 탈진한 촉군 병사들이 무더기로 탈영해 위군 진영으로 투항했기 때문이다.* 이처럼 물과 같이 중요한 물자의 보급이 이뤄지지 않는 경우에는 유리한 지형이 불리한 지형으로 바뀔 수도 있다.

손자도 지형을 여섯 가지로 분류했는데 지형의 물리적 형태만 고려해 분류하지 않았고 적군의 조치나 반응에 따라 물리적으로 동일한 형태라고 해도 다르게 해석될 수 있다고 설명하고 있다. 손자에 따르면 지형은 길이 사방으로 통하는 통형(通形), 급경사를 이루다가 평탄한 지역이 계속되는 괘형(掛形), 장애물이 널리 산재한 지형(支形), 두 산의 사이에 낀 좁고 험한 애형(隘形), 지세

◆ 제갈량은 사마의가 실각해 전장에 나올 수 없기에 가정의 전략적 중요성을 위군 측이 간파하지 못할 것으로 보고 가정에 군대를 보내지 않았으나, 사마의가 복권되어 위군 총사령관이 되자 사마의에 앞서서 마속이 지휘하는 부대를 급파한 것인데 마속이 일을 그르쳐버렸다. 제갈량은 주위의 만류에도 불구하고 군령을 어긴 마속을 눈물을 머금고 사형에 처했다. 이것이 유명한 '읍참마속(泣斬馬謖)' 고사다.

가 험하고 도로가 불비한 험형(險形), 피아가 멀리 떨어지고 그 사이에 광활한 공간이 위치한 원형(遠形)으로 구분할 수 있다.

이에 따르면 새재는 험형에 속한다고 봐야겠다. 손자는 험형에선 아군이 먼저 점령하되 반드시 높고 양지바른 곳에 위치해 적을 기다려야 하며 만약 적군이 먼저 점령했다면 병력을 이끌고 퇴각해야 한다고 설명한다. 손자는 땅의 형상에 따른 용병법을 제시하지만 거기에 그치지 않고 보다 완전한 승리를 위해선 적과 나의 상태, 천시(天時)를 명확히 알아야 한다고 설명한다. 『손자병법』에 의거해 판단한다면 높고 험한 새재를 선택하지 않았다고 해서 신립의 판단이 반드시 틀렸다고 단정할 순 없다.[*]

현대 군사학에 따르면 전술 의사결정을 위해선 'Mission(주어진 임무)', 'Enemy(적의 규모, 전투력 등)', 'Troop Available(아군의 규모, 전투력 등)', 'Terrain(지형과 기후)', 'Time Available(주어진 시간)', 'Civil Consideration(민간에게 미치는 피해 등)' 등 일명 'METT-TC'를 고려해야 한다. 신립의 전술도 METT-TC의 관점에서 재평가할 수 있다.

주어진 임무(Mission)의 경우 신립에게 주어진 임무는 왜군의 북상을 저지하는 것으로 왜군과 반드시 격돌해 승부를 내야 하는 상황이었다. 이일이 상주에서 패배하고 도주해 와서 보고한

◆ 『전술의 기초』(성형권, 마인드북스, 2017). 317, 318, 319, 320쪽 참조.

왜군의 병력 규모와 전투력이 대단하다는 걸 감지한 신립은 조정에 후퇴를 건의했지만 받아들여지지 않았다.[◆] 그러니까 신립은 새재 아니면 근처의 다른 곳에서 왜군과 결전해야 했다.

적의 규모와 전투력(Enemy)을 보면 왜군의 병력 규모는 5만 명 수준이고 고니시 유키나가의 제1군은 새재로, 가토 기요마사의 제2군은 죽령으로, 구로다 나가마사의 제3군은 추풍령으로 진격해 오는 상황이었다.

따라서 새재에서 유키나가의 제1군을 막는다 해도 기요마사와 나가마사가 조선군의 방어선을 신속히 돌파할 경우 퇴로를 차단당한 채 포위되어 협공받을 가능성이 존재했다.

아군의 규모와 전투력(Troop Available) 측면에서 조선군의 병력은 1만 명 내외였으며 주력 부대는 말을 타고 활을 쏘는 궁기병대였다. 따라서 산악 지대보다는 평야 지대에서 더 전투력을 발휘할 수 있었다.

지형과 기후(Terrain)의 경우 새재가 험준한 산악이라 방어에 유리한 건 인정하나 다섯 배가 넘는 왜군에게 포위됐을 경우 적

◆ 『선조수정실록』에 따르면 신립이 장계를 보내 도성으로의 후퇴를 건의했다. 『선조수정실록』은 광해군 때 편찬된 『선조실록』이 당파의 이해관계가 반영되어 부정확하다고 판단해 인조반정 이후 효종 대에 이르기까지 수정 편찬한 실록이다. 이 역시 당파의 이해관계에서 자유롭지 못할 것이기에 논란의 여지는 여전하다. 신립의 집안이 인조반정에 적극 가담했고 신립의 딸이 인조의 숙모이기에 『선조수정실록』에서 신립에게 우호적으로 기술했을 가능성을 100% 배제하기 어렵다.

시에 한양이나 지방에서 대규모 지원군이 오지 않는다면 전멸당할 우려가 있었다. 특히 식량이나 화살을 충분히 보급 받지 못한 상황이라면 험준한 산악에 진을 치는 건 지극히 위험한 결정인데, 당시 급박하게 돌아가던 상황을 감안할 때 신립 부대의 보급 상황이 넉넉하지 못했을 거라고 미뤄 짐작할 수 있다.

주어진 시간(Time Available)을 보면 하루 이틀 내 왜군과 조우할 것이므로 새재에 진을 치든지 새재로부터 멀리 떨어지지 않은 곳에 진을 치고 전투를 준비해야 했다.

충주는 교통의 요지이고 물류 거점이었기에 왜군으로선 그냥 지나치기 어려운 곳이어서 조선군이 진을 치고 있을 경우 반드시 격파할 필요가 있었다.

민간에게 미치는 피해(Civil Consideration)는 현대전에서 민간인의 안전을 충분히 배려해야 한다는 의미인데, 임진왜란 시기에는 상대적으로 덜 중요한 고려 요소였을 것이다. 물론 당시에도 백성을 안전한 곳으로 소개시키는 조치는 취했던 것으로 보인다.

이상의 내용을 종합할 때 당시 곧 출현할 왜군과 결전을 해야 하는 상황에 놓인 신립의 입장에선 사지라고 판단되는 새재에 진을 칠 수 없었고 주력 부대가 궁기병이기에 평야 지대면서 왜군이 지나칠 수 없는 요충지인 충주에서 결전을 치르는 것 외에 다른 선택지가 없었을 거라고 볼 수 있다.

신립 입장에서 본 조선군과 왜군의 주무기

신립이 믿고 있던 조선군의 주무기는 궁기병이 말을 타고 돌격하면서 발사하는 편전이었다. 조선군의 편전은 화살 무기 중에서 세계 최고의 파괴력과 정확성을 지닌 비밀병기였다. 북방 여진족과의 전투에서 여진족 기병대의 예봉을 단숨에 꺾어버린 무기이기도 했다.

편전은 애기살이라고 하는 30cm 정도의 짧은 화살을 통아(대나무를 반으로 쪼갠 모양의 통)에 넣고 발사하는 독특한 화살이다. 최대 사거리는 활의 장력, 궁수의 완력에 따라 차이가 있겠지만 육군사관학교 이상훈 교수에 따르면 380m에 달했고 관통력이 우수했으며 철갑 갑옷을 뚫고 생명을 빼앗을 수 있는 유효 사거리는 80m 정도였다.

왜군의 주무기는 잘 알다시피 화승총인 조총인데 최대 사거리는 500m, 유효 사거리가 100m 정도였다.◆ 유효 사거리가 비슷하고 모든 왜군이 조총을 갖고 있는 건 아니니 편전 발사 속도가 더 빠르다면 8천 명의 정예 궁기병대를 출전시킨 조선군이 해볼 만한 싸움이었다고 생각해도 큰 무리는 없었다.

조총의 1분당 발사 속도가 두세 발인 점을 감안하고 숙련된

◆『전략전술의 한국사』, 199쪽 참조.

조선군 궁기병의 발사 속도가 훨씬 빨랐다고 본다면 주무기의 승산은 오히려 조선군에게 있었다고 볼 수도 있다. 그래서 신립은 진다는 생각을 하지 않고 결전에 임해 먼저 공세를 취하는 작전을 구상했을 거라고 추측할 수 있다.

『징비록(懲毖錄)』에 따르면 신립은 조총의 위력에 주의를 촉구한 류성룡에게 조총이 재장전하는 데 시간이 걸리고 부정확하기에 기병의 빠른 돌격으로 무력화시킬 수 있다는 자신감을 보였다. 류성룡이 조총에 대한 주의를 촉구하는 데 그치지 않고 조총의 복사 제작에 더 많은 관심을 기울였더라면 역사가 달라지지 않았을까?

조선 조정이 마음만 굳게 먹었으면 조총의 복사 제작이 그리 어려운 과제는 아니었다. 1543년 일본 다네가시마(種子島)에 처음 전래된 포르투갈 조총은 1년여 만에 복제되어 일본 전체로 퍼져 나갔었다.

무엇이 전투의 승패를 갈랐을까

1815년 엘바섬을 탈출해 다시 프랑스 황제가 된 나폴레옹이 운명의 일전을 벌인 곳은 벨기에의 워털루였다. 워털루 전투는 나폴레옹이 충분히 이길 수 있었지만 몇 가지 우연적 요소가 그에게 불리하게 작용해 패배했다.

가장 중요한 우연적 요소는 기후였다. 결전 전날 비가 내려 길이 질퍽질퍽해지는 바람에 대포 운반에 시간이 걸려 전투 개시 시간이 늦어졌다. 일찍 시작했더라면 프로이센군이 영국군과 합류하기 전에 영국군을 격파할 수 있었다.

영국군이 먼저 격파되었다면 나중에 도착한 프로이센군은 항복하거나 포위당해 전멸했을 것인데 영국군이 버티는 가운데 프로이센군이 도착해 프랑스군의 측면을 강타했다. 그 여파로 전세가 급속도로 역전되면서 프랑스군의 참패로 마무리됐다.

비가 온 후 질척거리는 땅 때문에 기병대의 발이 둔해져 패배한 또 다른 유명한 전투로 백년전쟁 중 1415년에 있었던 아쟁쿠르(Azincourt) 전투가 있다. 프랑스가 자랑하는 기병대가 진창에 빠져 허우적대다가 영국 보병부대의 도끼에 찍혀 전멸에 가까운 패배를 당했다.

탄금대 전투 전날에도 비가 와 달천 평야가 질척거렸고 신립의 궁기병대가 돌격 속도를 제대로 내지 못했다. 기병 돌격은 충격력으로 적진을 돌파하는 것이므로 속도가 생명이다. 신립은 왜군의 조총이 재장전하는 데 시간이 걸리기에 속도감 있는 돌격으로 재장전 이전에 적진을 휩쓸어버린다는 작전을 구상했다. 하지만 질척거리는 땅 때문에 기병의 돌격 속도가 제대로 나오지 못했다.

날씨뿐만 아니라 무기도 신립의 편이 아니었다. 왜군은 새로운 사격술을 채택하고 있었다. 오다 노부나가가 개발해 1575년에 나가시노 전투에서 적용한 연속 사격술이다.

1열이 쏘고 재장전하는 사이에 2열이 쏘고 이어서 3열이 쏘고 나면 재장전을 완료한 1열이 다시 쏘는 방식으로 탄환이 중단 없이 날아오기에 기병대의 돌격으로 적진을 돌파하기 쉽지 않았다. 1575년 나가시노 전투*에서 다케다 가쓰요리가 자랑하는 기병대도 궤멸당했다.

따라서 신립의 궁기병대 돌격 작전은 실패할 게 예정되어 있었다고 봐야 한다. 질척거리는 땅 때문에 느린 속도로 돌격해 오는 신립의 궁기병대에게 왜군이 쏘는 탄환이 중단 없이 쏟아졌다. 가장 중요한 패전 요인은 중과부적(衆寡不敵), 즉 유키나가와 기요마사의 군대를 합하면 왜군의 병력이 신립 궁기병대의 세 배 수준에 달했다는 사실이다.**

기요마사의 약 1만 명 군대가 전투에 참여하지 않고 옆에서 지켜보기만 했다고 하지만 전술적으로 엄연한 예비대로서 필요

◆ 1575년 6월 29일 나가시노 성에서 오다 노부나가, 도쿠가와 이에야스 연합군과 다케다 가쓰요리 군 사이에 벌어진 전투다. 부하의 배신에 목숨을 잃은 노부나가 대신 일본을 통일한 도요토미 히데요시 군대는 조선 침략에서도 나가시노 전투 방식을 그대로 써먹었다.

◆◆ 신립 부대의 규모에 대해선 여러 의견이 있지만 훈련이 잘된 정예부대는 궁기병 8천 명이었다고 봐야 할 것 같다.

하면 언제든지 전투에 투입될 수 있는 상태였으므로 그만큼 유키나가 부대가 부담 없이 가용 병력을 모두 투입해 적극적인 공세를 취할 수 있었다.

신립이 왜군의 연속 사격술을 미리 알고 있었다면 좀 더 방어적인 자세를 취하다가 틈을 봐서 기병대를 돌격시키는 작전을 구사했을 것이다. 하지만 왜군의 전술에 관한 사전 정보가 없었던 신립은 궁기병의 편전을 믿고 오히려 선제공격을 가하는 실책을 저질렀다.

유키나가가 조선군의 시야가 차단된 좌우 측면으로 기습 부대를 우회시켜 조선군을 포위 공격하는 전술을 구사했는데 신립 쪽에서 이를 눈치 채지 못한 것도 승패를 가른 요인으로 볼 수 있다.

신립의 평가가 박한 이유

신립은 적군의 무기 운용 체제에 대한 정보가 부족했을 뿐, 전장을 선택한 것 자체는 METT-TC 관점에서 합리적이었다. 그는 본인이 택한 전장에서 최선을 다해 싸우다가 전사했다. 그럼에도 불구하고 그가 역사적으로 좋은 평가를 받지 못하는 이유는 무엇일까?

첫째, 중요한 싸움에서 졌기 때문이다. 하지만 원균이 칠천량 해전에서 조선 수군 거의 모두를 수장시키는 참패를 당하고도 이순신, 권율과 함께 선무공신 1급에 포함된 걸 보면 충분한 설명이 되지 못한다.

둘째, 신립의 작전을 평가하는 잣대가 너무 단순하다. 많은 이가 METT-TC와 같은 여러 가지 작전 요소 중에서 지형 하나만 두고 전체를 평가하는 오류를 범하고 있다.

셋째, 생존 장병들의 뒷말이 많았을 것으로 추측된다. 부하 장수들이 그에게 새재에서 싸우자고 했을 때 왜 새재가 사지인지, 왜 평야 지대에서 승부를 걸어야 하는지 충분히 설명하고 납득을 시켰다면 어땠을까? 전투에 임하는 부하 장수들의 태도가 달라졌을 것이고 전투가 더 효율적으로 이뤄졌을지 모른다.

부하들을 설득해 납득시키는 과정을 충분히 거치지 않고 밀어붙이다 보니 평소 과격한 면모를 보였던 신립에 대해 생존 장병들의 뒷말이 나오고 아집에 찬 결정을 했다는 선입견이 고착화되었다고 볼 수 있다.*

넷째, 고니시 유키나가의 작전 평에 지나친 가치를 부여했기

◆ 함경남도 병마절도사 시절 독단적으로 졸병의 목을 베었다고 해서 한직으로 물러난 적이 있었던 신립은 일본군의 내습을 보고하는 군관을 죽였다. 사실을 보고하는데도 군중을 현혹시킨다고 평소 가까이 두고 신뢰한 군관의 목을 벤 건 이해하기 어렵다. 부하들이 무서워했을지 모르나 마음으로 따르진 않았을 것으로 추측된다.

125
7장 신립 장군의 결정이 옳았던 이유

때문이다. 유키나가가 새재를 버린 신립을 비웃으며 조선에는 병법을 아는 자가 없다고 했다는데, 실제로 그런 언급이 있었는지 확인할 순 없지만 직접 상대해 승리를 거둔 적장의 평가로 상당한 설득력을 가진다고 볼 수 있다.

그러나 유키나가의 작전 목표는 새재 돌파이고 신립의 작전 목표는 왜군 섬멸이었다. 유키나가가 이끄는 부대뿐만 아니라 세 갈래로 진격해 오는 왜군 전체를 대상으로 작전을 구상해야 했던 신립의 작전 시야가 유키나가보다 훨씬 더 넓었다고 볼 수 있다. 유키나가의 시각으로만 신립의 작전을 평가하는 건 무리다.

다섯째, 잘못 전해져 내려오는 설화의 내용 때문이다. 설화의 내용이 황당해 신빙성이 없는데도 불구하고 민간에 구전되어 왔고, 최근에는 방송 매체에서 단막극 형태로 거의 매년 다룸으로써 신립이 '꿈속에 나타난 처녀 귀신에게 홀려 일을 그르치는 무능한 졸장'으로 그려지는 이미지가 고착화되는 것도 영향을 미친다고 볼 수 있다.◆

◆ 더 이상 방송 매체에서 신립 관련 처녀 귀신 설화를 여과 없이 방송하지 못하도록 해야 한다. 국민의 역사 인식을 오도할 뿐만 아니라 명백한 사자 명예훼손에 해당하기 때문이다.

신립은 재평가되어야 한다

신립의 탄금대 전투는 전투 전개 과정과 결과, 참여한 전투 부대의 규모와 성격, 주무기의 파괴력, 병사 훈련 수준, 지휘관의 작전 개념과 작전 계획, 지형, 기후 등을 종합적으로 고려해 평가해야 한다.

그런데 고작 황당한 내용의 구전 설화, 군사 전문가가 아닌 유명 인사의 코멘트, 일본군 지휘관의 견해에 휘둘리는 걸 보면서 역사 인식의 '참을 수 없는 가벼움'을 느낀다.

지형 선택에 치우치지 않고 군사작전 요소를 모두 고려해 내린 긍정적인 평가는 육군사관학교 이상훈 교수의 평가를 비롯해 상당수 존재하지만 일반 국민에게 널리 전파되지 못하고 있는 현실이 안타깝다.◆

평지에 접한 높지 않은 야산도 방어에 유리한 경우가 많다. 임진왜란 때 대승을 거둔 진주성이나 행주산성도 험지가 아니라

◆ 육군사관학교 이상훈 교수는 저서 『전략전술의 한국사』에서 신립이 새재를 버리고 탄금대를 전장으로 선택한 게 올바른 결정이었음을 군사 전술에 입각해 논리적으로 설명하고 있다. 이 교수는 임진왜란 당시의 탄금대는 주 접근로가 동쪽 한 군데로 제한되고 주위가 물로 둘러싸여 있어 방어에도 유리한 지형이었다는 점을 지적한다. 즉 탄금대가 탁 트인 개활지가 아니었다는 뜻이다. 일본이 조선 침략 시 활용할 목적으로 1896년에 제작한 충주 지형도에도 탄금대가 주 접근로를 제외한 거의 4면이 하천으로 둘러싸인 모습으로 그려져 있어 이 교수의 주장을 뒷받침하고 있다. 탄금대가 있는 대문산에서 삼국시대에 쌓은 토성이 발굴된 것으로 봐도 탄금대가 전략적 요충지임을 알 수 있다.

나지막한 야산에 위치하고 있다.

지형이 너무 험악하면 오히려 식수 확보나 식량 무기 보급에 어려움이 있을 수 있고 성곽을 크고 넓게 쌓기 어렵기에 많은 병력을 운용할 공간이 부족해 방어에 어려움이 있을 수 있다.

탄금대는 4면이 하천으로 둘러싸여 있고 접근로가 제한되어 있어 방어에 유리한 지형이었다. 지형으로만 따져도 신립의 판단에 큰 오류가 없는 것이다.

신립의 탄금대 전투는 대대적인 역사 복원 작업과 함께 『손자병법』의 깊이 있는 이해와 현대 전술의 관점에서 면밀한 분석 작업을 통해 진지한 재평가가 이뤄져야 하고 신립에 대한 재평가도 이뤄져야 마땅하다. 그래야 후대가 소중한 우리 역사를 바르게 바라보고 역사 인식의 수준과 전략적 사고능력을 키울 수 있을 것이다.

다른 한편 조직에서도 조직 구성원의 능력, 성향이나 조직 구성원이 담당해 실행했던 프로젝트에 대한 다양한 뒷담화가 존재한다. 많은 조직에서 현대판 신립이 양산되고 있는 건 아닌지 조직의 수장이나 인사 담당 책임자들이 돌아볼 필요가 있다.

예컨대 유능하지만 소통능력이나 친화력이 부족한 구성원이 인사에서 필요 이상의 불이익을 받으면 조직 전체의 역량 저하 요인으로 작용할 수 있음에 주목해야 한다.

조직의 인적 역량을 극대화하려면 단순히 세평에만 의존할 게 아니라 심층 면접과 학위, 자격증 등 객관적 데이터 분석을 통해 각 구성원의 역량과 잠재력, 장점과 단점을 정확히 평가하는 시스템을 구축할 필요가 있다.

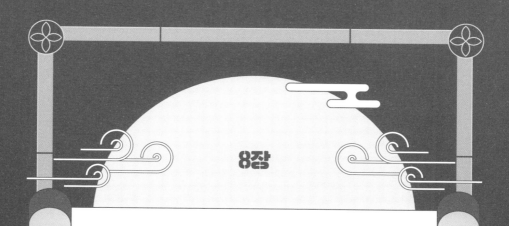

8장

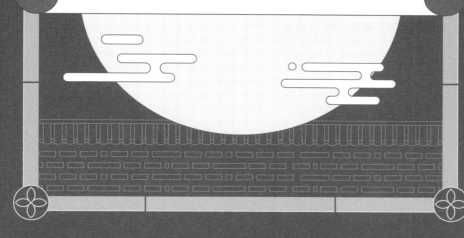

이순신은 과연
민족 성웅인가

이순신 제독의 전술가로서의 위대함은 총통과 신기전을 활용한 선체 파괴에 중점을 둔 전술, 평저선의 특성을 응용한 전술, 조란탄과 거북선 등 신무기의 활용, 병참선의 중요성을 이해한 점 등에서 드러난다.

또한 경영자로서 이순신은 작전 계획 단계에서부터 부하 장수들을 참여시키면서 그들의 재능을 최대한 활용했으며 군영 안에서 자급자족하는 경제를 실현했다.

돌이켜 보면 이순신 제독이 노량해전에서 목숨을 잃지 않고 한양에 올라와 역성혁명을 꾀했다면 조선의 미래가 달라졌을지도 모른다.

이순신 제독*은 지난 40년 넘게 한국인이 가장 존경하는 인물 1위 자리를 굳건히 지키는 영웅 중의 영웅이다. 대한민국 국민이라면 이순신 제독의 영웅적인 면모를 익히 잘 알고 있을 것이다.

그는 임진왜란이 일어나고 조선군이 일방적으로 왜군에게 밀리고 있을 때 첫 승전보(옥포해전 승리)를 의주로 피난 간 조정에 알렸을 뿐만 아니라 임진왜란 내내 단 한 번도 패하지 않은 불패의 지휘관이었다. 또 군수물자와 무기를 중앙정부에 의존하지 않고 스스로 해결했을 뿐만 아니라 오히려 조정에 생활필수품을 공급하기도 했다.

어렸을 때부터 총명하고 기개가 높았던 이순신은 무과 시험에 급제해 관직에 진출한 후에도 불의와 타협하지 않아 모함도 당해 하급 무관을 전전했다.

임진왜란 직전에 전라좌도 수군통제사로 발탁되었다. 종6품 벼슬에서 정3품으로 승진한 것이어서 당시 기준으로 극히 예외적인 발탁이었다. 포병장교였던 나폴레옹 보나파르트가 툴롱(Toulon) 전투에서 공을 세운 후 대위에서 소장으로 승진한 것과 비견될 정도로 조선을 구한 신의 한 수였다.

더욱 극적인 건 모함을 받아 삼도수군통제사 자리에서 물러나 모진 고문을 당했는데, 풀려나 백의종군하다가 다시 선조의 부름

◆ 해군 지휘관이므로 장군보다 제독이 올바른 칭호라고 생각해 '제독'으로 쓴다.

을 받고 삼도수군통제사로 돌아왔다. 그리고 단 열두 척의 군함으로 서해를 통해 한양으로 가려는 대규모 왜의 함대를 격멸해 왜군의 전투 의지를 꺾고 전쟁의 흐름을 바꿨다.

마지막 노량해전에서 대승을 거뒀지만 정작 본인은 전사함으로써 극적인 최후를 맞이했다.

이순신의 위대성을 구체적으로 분석하고 역사적인 상상력을 바탕으로 그의 한계 또한 짚어보고자 한다.

이순신의 영웅적 면모

1. 전술 혁신

이순신은 해전의 전술 개념을 바꿔 왜의 수군을 질 수밖에 없는 궁지로 몰아넣는 천재적인 군사적 재능을 보였다.

그 당시의 해전 전술은 동양이나 서양이나 다름없이 적선에 올라가 일대일로 겨루는 단병 접전 개념이었다. 대포를 쏘아 돛대를 부러뜨린다거나 물이 새게 해서 적선의 기동력을 떨어뜨린 후, 적선에 갈고리를 걸어 끌어당겨 적선에 올라타 격투로 적군을 제압하는 방식(월선 공격)이었다.

그런데 이순신은 공격의 주안점을 대포와 불화살로 적선의 선체를 부수거나 태워 침몰시키는 데 뒀다. 인명 살상이 아니라 선체 파괴에 초점을 맞춘 것이다. 이러한 전술 혁신에선 파괴력 있는 대포와 장거리를 날아가는 대형 화살이 필수적이었는데 조선군의 총통과 신기전이 제 구실을 했다.

이순신의 전술은 단병 접전에 능한 왜의 수군이 제 능력을 발휘할 수 없게 만들었다. 조선 수군은 조총 유효 사거리 밖에서 일정한 거리를 유지하며 조총보다 유효 사거리가 긴 총통과 신기전 불화살로 선체를 공격했다.

사거리가 짧은 조총은 아무런 위력을 발휘할 수 없어 왜군은 거의 속수무책으로 당할 수밖에 없었다. 사면에 총통을 장착한 돌격선으로 거북선을 운용해 근거리 포격전까지 구사하면서 왜 수군의 전투 의지를 꺾어버렸다.

군사 천재로 평가받는 나폴레옹이 창안한 군사 전술인 중앙 배치 전략(Strategy of Central Position)은 적군을 두 덩어리로 분리한 후 화력과 기동력을 이용해 각개격파하는 전술이다. 적군을 둘로 나누려면 적군이 유인 작전에 속아줘야 작동할 수 있다. 하지만 이순신의 새로운 전술은 적이 알면서도 당할 수밖에 없었다는 점에서 훨씬 탁월했다.

2. 평저선 특성 활용한 전술

조선 수군의 주력 군함인 판옥선은 풍력과 함께 보조 동력으로 노를 저어 배를 움직이는 일종의 갤리선(Galley)으로 바닥이 평평한 평저선이었다.

　판옥선은 조선 초기부터 주력 군함으로 활약한 맹선(猛船)의 전투력이 떨어진다는 판단하에 왜구의 침략이 빈번했던 명종 때 개발한 신형 군함이라고 알려져 있다.

　당시 배의 바닥이 뾰족한 역삼각형 형태인 첨저선(尖底船)이 일반적인 형태였으며, 왜 수군의 주력 군함도 첨저선이었다.

　평저선은 첨저선에 비해 물의 저항이 커서 속도가 상대적으로 느렸다. 하지만 임진왜란의 해전에서 평저선은 크게 위력을 발휘했는데, 평저선과 첨저선의 차이점을 최대한 활용한 이순신의 혜안 덕분이었다.

　우선 평저선에는 배의 4면 모두에 대포를 많이 장착할 수 있었다. 바닥이 평평하기에 대포를 쏴도 배가 크게 흔들리지 않았다. 4면에 대포가 많이 장착되어 있다 보니 적 함대 가운데로 들어가는 돌격 전투가 가능했고, 철갑으로 에워싼 거북선이 적의 월선 공격과 근거리 조총 사격을 차단하며 맹활약할 수 있었다.

　첨저선의 경우 물의 저항이 적어 속도는 빠르지만 대포를 쏠 때의 진동으로 배가 심하게 흔들리기에 측면에 많은 대포를 장착하기 어렵다는 단점이 있었다.

　평저선의 또 다른 강점은 제자리에서 360도 회전이 가능한 것이었다. 이 회전 기능은 조선 수군의 기동성을 강화했는데 이순신은 진형 훈련을 반복해 회전 기능을 필살기로 연결시켰다.

1592년 8월 한산도대첩에서 이 회전 기능이 빛을 발했다. 왜 수군의 추격을 피해 일렬종대로 기동하던 조선 수군의 판옥선들이 재빨리 회전하면서 양 옆으로 돌아서고 매복해 대기하고 있던 다른 조선 군함들도 왜 수군의 진출 방향에 맞춰 회전 기동을 하면서 순식간에 왜 수군 군함들의 측면을 에워싸 포위망에 가둔 것이다. 측면이 노출된 왜의 군함들은 곧 조선 군함으로부터 빗발치는 총통 사격 화망에 갇혔고 전멸에 가까운 대패를 당했다. 이 조선 수군의 전투 대형이 학익진(鶴翼陣)이다. 학이 날개를 펴고 품는 듯한 모양을 연출했기에 붙여진 이름이다.

한산도 앞바다에서 시현된 조선 수군의 회전 기동은 300년 넘게 지난 시점에 러일전쟁의 고비가 된 쓰시마해전(1905년 3월)에서 일본 해군이 응용해 역사적인 승리를 기록한다.

일본 함대 사령관 도고 헤이하치로 원수의 이름을 따 도고턴(Togo Turn)이라고 불린다. 일본군은 러시아 함대의 이동 경로를 예상해 매복하고 있다가 회전 기동으로 러시아 전함의 측면을 노출시키고 집중 포격을 가해 대승을 거뒀다.◆

◆ 도고 원수가 쓰시마해전이 끝나고 기자들을 만난 자리에서 "난 이순신에 비하면 하사관 정도다"라고 말했다는 이야기가 전해 내려오고 있는데 확인하기 어렵다. 다만 도고가 이순신을 존경하고 이순신의 전술에 관심을 보인 건 사실이다. 도고는 쓰시마해전 직전에 이순신 사당을 찾아 참배했다.

3. 신분을 넘어선 발탁

이순신은 인재를 활용하는 데도 남다른 면모를 보였다. 한산도에 있을 때 운주당(運籌堂)을 짓고 부하들과 군사작전에 관한 의견 교환을 활발하게 했는데 병졸의 의견도 들어주는 소통 방식의 파격을 보였다.

아무리 훌륭한 작전 계획이라고 해도 일방통행식으로 결정되면 부하 장수들의 이해도가 낮아 실전에서 차질을 빚을 수 있다. 작전 계획 수립 단계에서부터 부하 장수들이 참여하면 다양한 의견과 합리적인 토론을 통해 작전 계획의 완성도를 높이고 부하 장수들의 숙지도를 높여 실전에서 힘을 발휘할 수 있다.

이순신은 전쟁 중이고 조정이 멀리 떨어져 있는 점에 착안해 선조로부터 수군통제사가 무과 시험을 독자적으로 시행할 수 있는 권한을 위임받았다. 이를 통해 신분이 낮아도 장교가 될 수 있는 길을 열어줌으로써 병사들의 분발을 이끌어낼 수 있었다.

부하 장수의 특별한 재능을 활용해 전투력을 높이는 노력도 기울였다. 어영담은 물길에 밝아 중용되었는데 이순신이 이끄는 함대가 기동능력을 발휘하며 개전 초기에 연전연승하고 제해권을 장악하는 데 크게 기여했다. 부산포해전에서 전사한 정운은 화포를 잘 다루는 능력을 갖고 있어 원거리 포 사격을 주특기로 하는 이순신 함대의 전투력을 극대화하는 데 크게 기여했다.

태종 때 이미 제작됐다고 알려진 거북선도 나대용이 임진왜란 발발 1년 전에 제작을 건의했고 이순신이 받아들여 개전 초기부터 실전에 투입할 수 있었고 큰 위력을 발휘했다. 그러나 아쉽게도 어영담, 정운, 나대용 모두 선무공신 대열에 끼지 못했다.◆

4. 신무기 활용: 조란탄, 거북선, 대장군전

이순신의 승리에는 군사 기술의 우월성도 한몫했다. 세계 최초의 산탄 대포(Canister Fire)라고 할 수 있는 조란탄은 총통에 탄환 대신 60개 정도의 쇠구슬을 장전해 쏘는 방식을 취했는데 일정 면적의 탄막이 형성되어 인마 살상에 효과적이었다. 병력 규모 면에서 절대적으로 불리했던 명량해전에서 조란탄이 큰 위력을 발휘해 왜군의 전투 의지를 꺾어 놓았다.

서양에선 산탄 대포가 18세기 말에 개발되기 시작했고 공식적인 전투 기록은 1815년 워털루 전투에서 영국군 포병대가 사용했던 것으로 알려지는 점을 감안하면 실로 놀라운 창의력이다.

◆ 선조는 백성을 버리고 명나라로 도주하려던 용렬한 군주였지만 이기적인 두뇌 회전이 비상한 사람이었다. 그래서 한 일이 별로 없는 명군에게 임진왜란 극복의 공을 돌렸다. 명군의 조선 파병을 본인이 이끌어냈으니 국난 극복의 공도 본인에게 돌아간다는 지극히 야비하고 이기적인 셈법이었다. 그래서 공신을 전쟁에서 싸운 선무공신과 난리를 피해 도망가는 선조를 수행하며 동고동락한 호성공신으로 나눴는데, 선무공신은 열여덟 명에 불과하고 의병은 단 한 명도 끼지 못했지만 호성공신은 여든여섯 명이었고 그중 스물네 명이 내시였다. 특히 선무공신 1급에 이순신과 원균을 같이 포함하는 폭거를 자행하며 이순신의 공적을 깎아내리기 급급했다. 그는 명나라의 원군 파병을 재조지은이라 치켜세웠지만 조선군 관민의 감투 정신은 외면하면서 조선의 정신세계를 붕괴시켰다. 병자호란 때 의병이 일어나 싸운 기록이 없는 배경에 선조의 용렬함과 이기심이 범벅된 억지 논공행상이 버티고 있다.

세종 때 개발된 세계 최초의 로켓인 신기전도 무게가 많이 나가는 큰 불화살을 멀리 추진할 수 있어서 적선이 근거리로 진입해 조총 사격을 하기 전에 적선을 화공으로 불태우는 위력을 발휘했다.

조선이 세종 때 개발한 화약 무기 중에 9cm 길이의 소형 총통이 있는데 권총의 시조라고 할 수 있다. 이 소형 총통은 원래 조선 기병의 돌격 무기였다. 적군 기병대로 돌격하기 전에 장전하고 접근했을 때 발포하면서 적군 선봉을 쓸어버리는 위력을 발휘했다.

이 소형 총통은 탄환을 장전하는 게 아니라 소형 쇠 화살을 장전하는 방식이었는데, 이순신은 이 개념을 대형 총통에 대형 쇠 화살(또는 쇠를 입힌 나무 화살)을 장전하는 개념으로 응용해 대형 쇠 화살이 적선의 선체를 부수거나 구멍을 내 침몰하도록 했다. 대장군전이라는 공용 화기다.

화약 무기가 사용되기 시작하면서 개인의 용맹이 전투의 승패를 좌우하는 게 아니라 누가 우수한 화기 체계를 더 효율적으로 운용하는가에 따라 승패가 결정되었다.

이순신은 화기 체계의 중요성을 누구보다도 잘 이해하고 있는 지휘관이었다. 돌격선 역할을 한 거북선도 기술과 아이디어의 승리라고 할 수 있다. 쇠못을 입힌 장갑을 덮어 씌워 왜군의 조총 사격을 무력화시키는 동시에 적 한가운데서 전투할 때 왜군의 장기인 월선 공격을 막아주는 역할을 했다.

적군의 공격을 무력화시키고 4면에 장착된 총통으로 근접 포격을 가하는 거북선은 왜의 수군에겐 악마와 동일한 존재였다. 탁월한 아이디어와 기술이 결합되어 등장한 거북선은 당시 세계 최첨단 전투함이었다고 해도 과언이 아니다.

5. 병참선의 중요성 이해

우수한 전력을 갖고도 병참에 실패해 패전한 사례가 꽤 있다. 먼저 촉나라와 위나라 간의 가정 전투(228년)를 들 수 있다. 물이 없는 산꼭대기에 진을 친 촉군은 위군의 포위 전술로 마실 물을 구할 수 없게 되었고 투항병이 속출하면서 스스로 무너졌다.

십자군전쟁 때 하틴 전투(1187년)에서도 예루살렘 군대는 사막에서 전투하면서 물을 충분히 휴대하지도 않고 우물 기술자도 데려가지 않아 전투력이 급감하며 무슬림 군대에 패하고 말았다.

나폴레옹의 러시아 침공(1812년), 히틀러의 소련 침공(1941년)도 결국 겨울의 맹추위 속에서 병참선이 유지되지 못해 실패한 사례다. 태평양전쟁 당시 임팔 전투(1944년)에서 일본군이 패배한 이유도 병참선을 생각하지 않고 화력과 병력 규모만 믿고 험악한 지형으로 진출했다가 식량 부족으로 극심한 고통을 겪었기 때문이었다.

현대 전투에서도 식량, 기름, 탄약, 장비가 제대로 보급되어야 승리의 기회를 얻을 수 있다. 임진왜란 시절에는 내연기관이 없어서 기름은 필요하지 않았겠지만 식량과 탄환과 화약은 제대로 공급되어야 왜군의 작전이 가능했다.

왜군 입장에서 식량은 일부 현지조달이 가능할지 모르나 탄환과 화약은 일본으로부터 보급되어야 했기에 병참선의 확보는 큰 과제였다. 한국의 산악 지형과 협소한 도로망 그리고 조선 관민의 저항 때문에 수로로 전라도 해안을 돌아 서해를 통하는 보급로의 확보는 전쟁 승리를 위한 필수 조건이었다.

하지만 이순신의 조선 수군이 버티고 있는 한 전쟁이 왜의 승리로 종결되는 건 사실상 불가능했다. 이순신은 서해안을 통한 수로 병참선의 중요성을 충분히 이해하고 있었다.

한산도에 수군통제영을 설치하고 해상 척후선과 지상 염탐꾼을 운용해 왜 수군의 동태를 세밀하게 감시함으로써 왜의 군함과 보급선이 서해를 향해 항해할 경우 즉시 대응할 수 있는 체제를 완비했다.

왜 수군의 서해 진출이 불가능한 체제였기에 굳이 부산포를 중심으로 남해안에 출몰하는 왜의 군함과 보급선을 찾아다니며 요격할 이유가 없었다. 부산포 등 항구에 내린 보급품을 북상하는 왜군에게 안정적으로 보급하는 건 어려운 과제였기에 왜군은 한양을 도로 내준 이후에 남해안을 중심으로 성을 쌓고 웅거하고 있을 수밖에 다른 뾰족한 수가 없었다.

6. 군영 내 자급자족 경제 실현

장군은 통상적으로 국가가 보급하는 군수 물자를 가지고 전투 임무를 수행하지만 이순신은 무기와 식량을 스스로 만들어 가면서 전투 임무를 수행했다.

조선 수군이 장악하고 있는 바다에서 어획 활동을 자유롭게 하도록 보호하면서 일종의 통행세를 현물로 받고 병영 내에 농경지를 만들어 곡식과 채소를 직접 재배하고 수확해 식량을 충당했다. 인근의 대장장이와 화약 기술자 들을 모집해 곡식을 주고 화포와 창검, 그리고 화살촉과 탄환을 만들게 했다.

전쟁 중의 무질서와 농민들의 농토 이탈로 국가의 조세 징수 체계가 무너져 내린 상황을 감안할 때 불가피한 선택이긴 했지만, 최대 3만 명에 이르렀던 조선 수군과 이순신을 보고 몰려든 피난민들을 부양한다는 건 결코 쉬운 과제가 아니었을 것이다.

이순신은 이 어려운 과제도 원만하게 풀어내고 오히려 조정에 필요한 물자를 보낸 점을 감안했을 때 경영자로서의 자질도 매우 수준급이었음을 알 수 있다.[*]

자급자족형 장군은 역사에 흔하지 않다. 갈리아와 게르마니아를 정복한 로마의 율리우스 카이사르나 로마를 공포에 떨게 했던 카르타고의 한니발 정도가 원정 과정에서 본국의 지원이 부

◆ 관련 내용은 『이순신 수국 프로젝트』(장한식, 산수야, 2018)에 상세하게 설명되어 있다.

족하거나 전무한 상태에서도 필요한 물자를 현지조달하면서 승리했다. 이순신의 위대함은 전술적 측면뿐만 아니라 경영자로서도 타의 추종을 불허하는 독보적 존재였다는 사실에서 찾아볼 수 있다.

노량을 버리고 한양에 갔다면

그렇다면 이순신이 세계 최고의 명장임에는 이의를 달 수 없겠지만 영웅 반열까지 올릴 수 있을까? 영웅을 어떻게 정의할 것인가에 관해선 사회적 합의가 없고, 사회적 합의가 있더라도 개인의 관점에 따라 평가가 다를 것이다.

필자는 이순신이 죽지 않고 노량해전 끝에 한양으로 갔거나 노량으로 가는 대신 한양으로 진군했다면 조선의 미래가 달라질 수도 있었을 거라는 관점에서 아쉬움이 남는다.

이순신은 퇴각하는 왜군을 추격 섬멸해 민족의 원수를 갚고자 했고 노량에서 크게 이겼다. 분명 의미가 있는 성과이긴 했지만, 이순신이 전란이 끝난 후 조선에서 펼쳐질 세상에 대해 좀 더 관심을 뒀더라면 다른 선택을 했을 수도 있지 않을까?

게다가 개인적인 이해관계를 따져보면 전란이 끝난 후 이순신의 목숨이 위태로웠으므로 살기 위해선 특단의 조치가 필요했다.

이순신이 백성으로부터 받는 신뢰를 선조는 크게 경계했고 의병장들을 박해했듯 이순신도 박해할 게 거의 확실시되는 상황이었다. 토사구팽의 역사가 반복될 것이었고 이미 무너진 왕조의 권위도 회복되기 어려웠다.

임진왜란 이후 역사 전개를 보면 조선은 계속 뒷걸음질했다. 아무런 명분도 없는 병자호란을 스스로 불러들여 조선의 신민과 조선의 땅을 피곤하게 했다. 중농주의에 입각한 사농공상이라는 건국이념도 17세기부터 중상주의가 힘을 얻고 산업혁명이 일어나면서 시대착오적 이념이 되고 말았다.

특히 임진왜란 이후 소위 재조지은의 망령에 사로잡힌 조선 지배층은 조선이 한족의 문화와 정신을 계승한다는 소중화론에 빠짐으로써 국가와 민족의 정체성을 잃고 기층국민과 완전히 유리되어 표류했다.

특히 소중화론에 입각한 근거 없는 자신감으로 발달한 청나라 문명과 일본의 발전상을 오랑캐의 것이라 해 백안시하는 오류를 범했다.

이성계는 역성혁명이라는 명분으로 고려왕조를 무너뜨리고 조선을 새로이 창업했지만 임진왜란을 겪으며 전환점을 맞이했다. 조정을 엎을 만한 무력을 갖춘 이순신은 역성혁명을 꾀할 수 있었다. 명분은 충분했다. 조정은 수많은 경고와 징후에도 불구하고 왜군의 침입에 효과적으로 대처하지 못하고 백성에게 엄청난 고통과 희생을 강요했다.

조선 초기에 큰 격차로 뒤쳐져 있던 일본이 조선보다 우월한 국력을 보이는 상황에 대한 냉정한 평가와 반성, 그리고 국정 혁신이 필요했다. 왕조 교체를 통해 국정 혁신을 도모하는 게 백성을 위하는 길이었다. 두뇌 회전이 빨랐던 선조는 역성혁명의 가능성을 알아차리고 나름 대응에 나섰는지도 모른다.

의병장들을 박해하고 공신 목록에 단 한 명도 올리지 않았다. 군사 전술 상 무모하기 짝이 없는 부산포 공격을 명하고 불가함을 주장했던 이순신의 목숨을 빼앗으려 했다.◆

광해군에게 임금 자리를 내주겠다는 선위파동을 주기적으로 일으켜 조정 대신과 사림에 긴장감과 공포 분위기를 조성하는 치졸함을 보여주기도 했다.

이순신이 훌륭한 제독이고 일본 측 인사들조차 세계 최고의 해군 제독으로 평가◆◆하고 있지만, 진정 영웅이라면 군사적 성과를 넘어 백성의 염원을 읽어내고 백성을 위한 길로 주저 없이 나

◆ 이순신이 노량해전에서 맞은 총탄이 왜군이 발사한 게 아니고 선조의 자객이 대장선 안에 숨어들어 저격한 거라는 주장도 있다. 자세한 내용은 앞서 소개한 장한식의 저서를 참고하기 바란다.

◆◆ 메이지 시절 해군 이론가인 사토 데쓰타로 제독은 1927년 글에서 서양 최고의 해군 지휘관 미힐 더 라위터르와 동양 최고의 해군 지휘관 이순신을 비교한 바 있다. 그는 이순신이 인격 등 모든 면에서 한 오라기의 비난도 가하기 어려운 명장이라고 하면서 둘 중 하나를 선택하라면 의심의 여지없이 이순신을 택하겠다고 한 바 있다.

가야 한다.

이성계는 고구려 고토 회복이라는 백성의 염원을 뒤로하고 본인의 권력을 추구하기 위해 위화도회군으로 조선을 세웠지만, 세종 시대에 잠깐 반짝한 후 내내 답보 내지 퇴보를 거듭했다.

공업과 상업을 천시해 기술의 축적과 상용화가 불가능했고, 반도 국가로서 상당한 수준의 해양 역량을 축적했던 조선이 해양을 포기하는 어처구니없는 실책(해금정책)을 범하는 등 기본 시스템 설계에 중대한 결함이 있었다.

역성혁명을 통한 궤도 수정이 시급한 상황이었기에 전란 종결을 계기로 이순신이 거사했다면 성공할 확률이 매우 큰 상황이었다. 실로 아쉬운 역사의 한 장면이다.

확인할 길은 없지만 이순신이 노량해전을 마무리한 후 역성혁명을 시도할 의지를 갖고 있었을 수도 있다. 의지가 있었다면 노량해전이라는 위험을 감수하기보다 전투 역량을 오롯이 보존해 한양으로 올라가 본인의 혁신 역량을 조선 백성을 위해 발휘하는 것에 우선순위를 뒀으면 어땠을까?

이성계는 요동 정벌에 나서면서 본인의 사병 집단을 따로 빼 개경으로 보낸 데 반해, 이순신이 노량해전에서 전력을 다한 걸 보면 이순신에게 역성혁명의 의도가 없었다고 보는 게 타당하다고 생각된다.

혁신의 기회를 놓치면 안 돼

조선이 새롭게 거듭날 기회는 단 한 번, 임진왜란이 끝난 직후였다. 그러나 구심점이 될 수 있었던 유일한 인물인 이순신이 죽음으로써 기회를 살리지 못했고 곧 명청교체기의 소용돌이로 빠져들었다. 병자호란을 겪으며 조선은 문자 그대로 중국의 변방 제후국으로 전락해 가녀린 명맥을 유지하다가 신해혁명으로 중국 왕조의 수명이 다하자 같이 사망 신고를 받았다.

조선왕조의 수명이 길었다고 해서 조선의 시스템이 훌륭했다고 자랑하는 이들도 있는데, 개인이 오래 살았으니 무척 행복했을 거라고 주장하는 것과 마찬가지 수준의 논리 비약이다.

기업의 혁신도 마찬가지다. 기업 활동의 결과치인 이익이 발생하지 않는 상황이 계속되고 개선될 전망이 없으면 즉시 구조조정에 들어가야 기업이 살 수 있다. 회계가 투명하지 못해 이익을 자의적으로 부풀리기 시작하면 구조조정의 타이밍을 놓칠 수밖에 없다.

대우조선해양의 구조조정 실기 원인도 회계 투명성이 확보되어 있지 않았기 때문이었다. 기업의 매출 추이와 영업이익 추이를 분석하면 기업이 돌아올 수 없는 실패의 경로로 들어섰을 가능성을 탐지할 수 있다.

그러한 가능성을 탐지했을 때 기업이 제공하는 상품과 서비스의 고객 만족도, 기업 종사 인력의 스킬 믹스(skill-mix)가 기술 발전 수준을 소화할 수 있는지 여부 등을 외부의 전문가 집단과 함께 면밀히 분석해 신속히 해결책을 마련하고 즉시 실행에 옮겨야 한다.

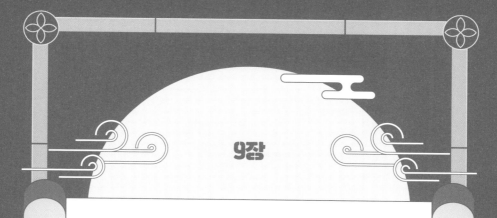

9장

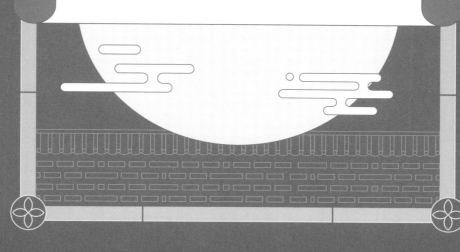

계백 신화,
어디까지 진실인가

백제 멸망 과정은 역사의 미스테리고 주류 역사 서술에서 많은 사실을 숨기고 있다. 왜 그럴까?

백제는 의자왕이 사치와 방탕을 일삼고 국정을 제대로 돌보지 않아 멸망한 게 아니다. 부하가 배신하는 바람에 나당연합군과 단 한 차례도 제대로 싸워보지 못하고 의자왕이 사로잡혔다.

황산벌 전투는 웅진으로 몽진하는 의자왕 행렬의 측면을 방호하는 백제 별동대와 신라군 사이에 발생한 소규모 전투였다. 백제가 총력을 기울인 마지막 전투로 묘사하는 역사 서술은 그야말로 사기이자 기만이다.

황산벌 전투가 소규모 전투라면 황산벌의 영웅 계백 장군의 실제 모습은 어떠했을까?

백제 멸망 미스터리

기존의 역사 서술에 따르면 '의자왕의 실정으로 피폐해진 백제는 660년에 나당연합군의 공격을 받고 멸망'하지만 곧 백제부흥군이 일어나 나당연합군을 거세게 압박했다. '계백 장군의 결사대가 백제에 남아 있는 마지막 군사력이었고 계백 장군의 결사대가 패전하면서 백제가 항복'할 수밖에 없었던 것처럼 설명하는 기존의 역사 서술이 진실이라면, 백제 멸망 후 맹활약한 백제부흥군은 하늘에서 떨어졌거나 땅에서 솟아오른 존재여야 한다.

백제부흥군이 한때 사비성을 포위하고 나당연합군을 위협할 정도로 막강한 군사력을 보유했는데 일반 백성이 들고 일어나 만든 비정규군으로선 달성하기 힘든 군사력이라는 점에서 볼 때 설명하기 어려운 논리적 흠결이 존재한다.

기존의 역사 서술이 갖고 있는 비논리적 고리를 철저히 분석하고 기존의 역사 서술에서 의도적으로 배제한 사실관계의 존재 여부를 파악해 중대한 오류가 존재할 가능성을 짚어볼 필요가 있다. 역사는 승자의 기록이라서 승자에 의한 왜곡 가능성에 노출되어 있으므로 논리적 추론 과정과 사료 조사, 군사전략적 분석을 통해 검증할 필요가 있다.

계백 신화의 허점

황산벌 전투에 참가한 백제군 결사대는 '백제가 동원한 최후의 군사력으로 병력 규모에서 절대적 우위에 있는 신라군을 맞아 용감히 싸워 네 번 물리쳤지만 화랑 관창의 활약으로 사기가 오른 신라군의 반격에 밀려 결국 패배'하는 것으로 우리 역사 교실에서 가르치고 있다.

그리고 용감한 백제군 결사대의 지휘관은 계백 장군이었다고 알려지고 있다. 『삼국사기』 「계백 열전」의 기록에 근거하는 계백 신화는 상당히 드라마틱한 요소로 구성되어 있지만 논리적으로 보면 상호 모순되는 내용들이 있다.

첫 번째 요소는 계백 장군이 결의를 다지기 위해 출전하기 전에 가족을 모두 자기 손으로 직접 죽인다는 내용이다. 『삼국사기』 「계백 열전」의 기록을 따르면 "처자식이 살아서 적의 노예가 되는 것이 두렵다. 살아서 치욕을 당하느니 죽는 것이 낫다(恐吾妻孥 沒爲奴婢 與其生辱 不如死快)."

가족이 비참한 신세가 되는 것도 싫지만 가족이 살아 있으면 가족의 안위가 걱정되어 전투에서 집중력을 발휘하기 어렵다는 설명도 가능해 보인다.

두 번째 요소는 화랑 관창의 무모할 정도의 용감성과 계백의 관용이다. 사로잡힌 관창이 너무 어려 보여 살려 돌려보냈지만 다시 싸움을 걸어와 또 잡히자 할 수 없이 목을 베어 신라군에게 시신을 보냈고 심기일전한 신라군이 이긴다는 스토리다.

그러나 몸으로 부딪혀 치고받으며 싸우는 격렬한 고대 전투의 양상을 감안할 때 두 번씩이나 포로로 잡힐 가능성은 아주 낮을 것이다. 적군과 정신없이 싸우다 보면 일단 무조건 죽이고 볼 것이기에 포로를 획득할 시간적 여유도 정신적 여유도 기대하기 어렵다.

세 번째 요소는 백제 최후의 군사력인 계백 결사대의 규모가 불과 5천 명으로서 무려 열 배에 달하는 신라군에 대항해 나름 선전했다는 점이다.

그러나 이 세 가지 요소는 커다란 논리적 허점을 지니고 있다.

첫 번째 요소인 가족 살해 문제는 상식적으로 보면 납득하기 어렵다. 적과 싸우는 근본 이유가 백성을 보호하는 것인데 가족을 죽인다는 건 근본 이유를 부정하는 것이고 싸우기도 전에 패배를 기정사실화하는 것이다.

계백이 가족을 죽인 사실이 백제 장졸들에게 알려지면 어떤 일이 벌어졌을까? 지휘관이 싸우기도 전에 패배를 미리 예상하고 있으니 백제군의 사기는 땅에 떨어졌을 것이고 탈영병이 속출했을 것이다.

계백이 이런 정황을 몰랐을 리 없다. 계백은 패전 후유증을 생각하고 가족을 죽였지만 휘하 장졸들에겐 "월왕 구천이 5천 명의 군사로 오왕 부차의 70만 대군을 격파했다"라고 말하면서 승리를 위한 분전을 독려하는 모순된 입장을 보였다.

고려 말 조선 초의 문관으로『동국사략(東國史略)』의 편찬을 주도한 권근도 "출전에 앞서 처자를 모두 죽인 게 군사들의 사기를 떨어뜨려 결국 패하는 결과를 낳았다"라고 비판한 바 있다.

두 번째 요소인 화랑 관창 이야기는 살벌한 전쟁터에서 존재하기 어려운 스토리 라인이다. 어리다고 적군을 살려 돌려보낸다는 것도 이상하고 굳이 죽인 시체를 보내 신라군을 자극하는 것도 전술적으로 이해하기 어렵다.

계백이 그렇게 감상적이고 온정적인 인물이라면 어떻게 가족을 자기 손으로 죽이겠는가? 계백이 관창의 시신을 보내 신라군의 전의를 북돋을 정도로 병법에 어두운 어리석은 사람이라면 어떻게 중과부적인 신라군을 네 차례나 물리칠 수 있었을까?

세 번째 요소인 5천 명 결사대의 병력 규모는 합리적인 숫자일까? 계백 부대가 최후의 보루였다고 하면 그 규모가 5천 명에 불과하다는 말은 이해하기 어렵다. 신라를 괴롭힐 정도의 무력을 보유한 백제가 최후에 국운을 걸고 동원한 병력이 5천 명에 불과했을 리가 없다.

불과 18년 전인 642년에 난공불락의 요새인 대야성을 함락시키고 김춘추의 딸과 사위가 죽게 만든 백제가 국가 존망 위기에 동원한 군대의 규모가 5천 명에 불과하다는 얘기가 설득력이 있는가? 백제 멸망 후 크게 기세를 떨친 백제부흥군은 어떻게 설명할 수 있는가?

백제가 동원할 수 있는 병력이 5천 명에 불과했다면 신라가 스스로 당나라의 번신임을 자칭하며 당군의 도움을 애절하게 요청할 필요가 없었을 것이고 신라 자체의 무력으로도 백제를 쉽게 무너뜨릴 수 있었을 것이다.

도대체 논리적으로 앞뒤가 맞지 않는다. 최후에 박박 긁어모은 전력이 5천 명에 불과하니 망할 수밖에 없는 나라라는 프레임을 덮어씌우기 위해 계백 부대의 규모와 성격을 왜곡한 건 아니었을까?

계백 신화의 허구 가능성

황산벌 전투에 나선 백제군의 지휘 서열을 보면 큰 의문점 하나가 제기된다. 세 명의 고위관리가 지휘부에 포함되어 있었는데 계백의 관등이 가장 높지 않다는 사실 때문이다.

지휘부 세 명은 충상, 상영, 계백인데 충상의 관직은 좌평이고 계백의 관직은 달솔이었으며 상영은 좌평이라는 기록과 달솔이라는 기록이 병존한다. 백제 관직 서열상 좌평은 장관급이고 달솔은 차관급이니 당연히 최고사령관은 충상의 차지가 되어야 한다. 그런데 왜 계백이 지휘관이었을까?

현대전에서 특수임무 수행을 위한 전투 서열 편제에 있어 주력 전투부대인 보병부대를 화력 지원하는 포병부대의 지휘관이나 기갑부대의 지휘관이 보병부대 지휘관보다 계급이 높은 경우가 간혹 있을 수 있다. 대포와 탱크가 보병부대와 멀리 떨어진 거리에 있을 경우 직접 몸으로 부딪히며 싸우는 근접전투(hand-to-hand battle)를 하지 않기 때문이다.

예를 들어 특수임무를 수행하는 보병부대의 규모가 소대이고 소대장이 소위이지만 소대와 동행하는 포병 관측장교가 중위이고 포병 중위가 소속된 포대의 포대장이 대위라고 해도 포병 화력 운용에 대한 책임은 보병 소위에게 있다.

보병 소위가 화력 지원 요청을 하면 포병 중위가 포탄을 퍼부을 지점의 좌표를 관측해 포탄(철갑탄인지 백린탄인지 고폭탄인지 등)의 종류를 결정해 포병 대위에게 보고하고 포병 대위가 발사 명령을 내리는 것이다.

하지만 사람끼리 부딪히는 고대 전투의 양상을 고려할 때 화살의 유효 사거리가 100m 내외인 걸 감안하면 주력 전투부대의 지휘관은 계백이고 지원부대의 지휘관은 충상이라는 논리 전개에 큰 무리가 따른다.

계백이 제대로 싸우는지 감독하는 감군으로 충상이 참여한 거라는 논리 전개도 가능하다. 그러나 감군은 통상 지휘관보단 직급이 낮되 왕과 가까운 존재가 담당한다. 국운을 건 싸움에 장수를 보내며 장수보다 직급이 높은 감군을 보낸다는 건 지극히 어색한 조합이 아닐 수 없다.

게다가 감군은 제3자적 관점에 서 있는 직책이지 직접 전투를 이끄는 지휘관이 될 수 없는 위치에 있다.

계백이 사실은 왕족인 부여씨(扶餘氏. 계백은 일종의 호이고 실제 이름은 '부여 승'이라는 주장)여서 지휘권이 계백에게 있었던 거라는 주장도 있다.* 그러나 무소불위의 왕권을 고려하면 굳이 계백의 직급을 달솔에 묶어 놓고 지휘권을 부여할 이유가 없으므로 궁색한 설명이다. 왕족이라면 바로 좌평으로 임명하면 된다.

계백 신화는 지휘관도 아닌 계백을 왜 지휘관으로 둔갑시켰을까? 충상은 신라군에게 항복해 신라에서 6두품 귀족에 편입되어 벼슬살이를 하며 잘살았고 백제부흥군 토벌 작전에 참여하기도 했지만 계백은 끝까지 싸우다가 전사했기 때문일까?

이 왜곡된 역사의 배경에는 어떤 음모와 계획된 의도가 존재하는 것일까? 반드시 밝혀낼 필요가 있다.

◆ 단재 신채호 선생도 『조선상고사』에서 1670년에 편찬된 『해동잡록(海東雜錄)』을 인용해 계백이 백제 왕족인 부여씨라고 주장했다.

계백 부대는 최후 결사대가 아니다

기록에 따르면 의자왕은 사비성을 버리고 웅진으로 몽진했다. 일단 나당연합군의 예봉을 피하고 백제의 지방군을 모아 대항한다는 전략을 세웠기 때문이다. 고대 전투, 특히 방어전에서의 전략은 거점 방어와 청야 작전을 조합한 것이다.

적군이 침입하면 인원, 물자, 가축을 성곽 안으로 집결하고 성곽 밖에서 식량을 조달할 수 없게 수확하지 못한 농작물은 태워버렸다. 수송로가 긴 적군은 시간이 흘러 굶주림에 허덕이고 전투력과 사기가 떨어지므로 방어에 성공할 확률이 높아진다.

고구려가 막강하기 이를 데 없던 수나라, 당나라와 싸워 이길 수 있었던 근본 이유는 거점 방어와 청야 작전을 잘 활용하면서 중국군의 병참선을 무력화시켜 굶주리게 만드는 데 성공했기 때문이다.[*]

계백 장군의 부대는 백제의 운명을 걸고 황산벌에서 신라군을 맞아 싸운 최후의 5천 결사대로 알려져 있지만, 웅진성으로 몽

◆ 고구려가 멸망한 이유는 백제의 멸망과 신라의 협조로 더 이상 병참선 유지를 위한 노력이 필요하지 않게 되어 고구려의 필승 전략인 청야 작전이 유효하지 않게 되었기 때문이다. 실제 예를 들면 661년에 평양성을 공격하던 소정방 군대가 고구려의 청야 작전에 걸려 아사 위기에 처했을 때 김유신이 지휘하는 신라군 병참 부대가 비밀리에 신라-고구려 국경을 돌파해 공급한 양곡으로 위기를 넘기고 일단 철수했던 역사가 있다.

진하는 의자왕 행렬의 측면을 엄호하며 신라군이 의자왕 행렬을 추격하지 못하도록 시간을 벌어주는 지연 작전을 수행했다고 봐야 한다. 지연 작전을 수행하는 부대는 통상 규모가 훨씬 큰 적군을 맞아 싸우기 때문에 피해가 커서 거의 결사대나 마찬가지다.

6.25전쟁 때 오산 죽미령 전투, 천안 전투, 대전 전투를 치르면서 사단장 윌리엄 딘 소장이 포로로 잡히고 제34연대장 찰스 뷰챔프 대령이 전사해 부대가 거의 와해된 미 육군 제24보병사단이 좋은 예다. 제24보병사단은 큰 피해를 입었지만 미 육군 제8군이 낙동강 방어선에 전개해 북한군의 남진을 저지하고 반격할 수 있는 시간을 벌어줬다.

<hr/>

백강과 탄현의 군사전략적 가치

우리 역사 교실에서 의자왕이 말년에 총기를 잃고 실정을 거듭했으며 나당연합군이 침공했을 때 '개전 초기에 백강(또는 기벌포)에서 당군과 싸우고 탄현(또는 침현)에서 신라군과 싸워야 한다'라는 충언을 받아들이지 않아 패배했다고 설명하고 있지만,◆ 개

<hr/>

◆ 의자왕은 귀양살이를 하고 있는 좌평 흥수에게 사람을 보내 대책을 물었다. 흥수는 "당나라 군사는 숫자가 많을 뿐만 아니라 군율이 엄하고 분명합니다. 더구나 신라와 함께 우리의 앞

전 초기에는 적군의 사기가 높고 보급 상태도 좋기에 수비 거점에서 병력을 빼내 승부를 건 싸움을 한다는 건 압도적으로 우위인 군사력을 보유하고 있지 않은 한 옳은 선택이라고 보기 어렵다.

7세기의 방어 전략인 성곽 위주의 거점 방어 개념에도 맞지 않고 고구려가 중국군을 상대할 때 쓰던 청야 작전과도 거리가 있는 선택이다. 게다가 백제의 지방군이 동원되지 않은 상태에서 숫자가 부족한 중앙군을 둘로 분리해 백강과 탄현으로 보낸다는 것도 군사 상식에 어긋난다.

개전 초기에 싸우기로 결정했다고 해도 나폴레옹이 창안한 중앙 배치 전략에 따라 당군과 신라군이 합류하기 전에 약하다고 판단되는 쪽으로 중앙군 전체를 보내 격파하고 이어서 남은 한쪽을 공격해 섬멸하는 이른바 '병력 집중을 통한 각개격파' 전술을 택한다면 그나마 옳은 선택이지만, 그렇지 않아도 부족한 병력을 분산한다는 발상은 현대 전술 관점에서 보면 난센스다.

백강, 탄현 운운하는 스토리 자체가 존재하지 않았던 허구일 가능성이 다분하며 허구가 아니더라도 백강과 탄현에서 싸우지 않기로 결정한 의자왕의 결정은 옳다고 봐야 한다.

뒤를 견제하고 있으니, 만일 평탄한 벌판과 넓은 들에서 마주하고 진을 친다면 승패를 담할 수 없습니다. 기벌포(백강)와 침현(탄현)은 우리나라의 요충지로 한 명의 군사와 한 자루의 창을 갖고도 1만 명을 당할 수 있을 것입니다."라고 했다고 『삼국사기』에 기록되어 있다.

의자왕의 총기는 시퍼렇게 살아 있었는데 왜 역사는 의자왕을 정반대로 묘사하고 있을까? 백강과 탄현은 지형 측면에서 볼 때 나름 전술적 가치가 충분히 있지만 지형적으로 유리하다는 이유 하나만으로 전장으로 선택될 순 없는 것이며 적군과 아군의 전력 비교, 식량과 무기의 보급 상황 등 다른 전술적 요인도 함께 고려해야 하는 것이다.◆

부하의 배신으로 포로가 된 의자왕

웅진성에서 지방군을 규합해 후일을 도모하려던 의자왕의 계획은 순조롭게 진행되었을까? 순조롭게 진행되었다면 아마도 나당연합군이 큰 곤경에 처했을 테지만 의자왕의 계획은 싱겁게 끝났다. 웅진성 내부에서 반란이 일어났던 것이다.

우리 주류 역사에선 이 내부 반란에 대해 함구하고 있으나 문헌 증거, 유물 증거, 논리 증거를 통해 내부 반란을 충분히 입증

◆ 군사 전술을 결정하는 요소는 모두 여섯 가지로 통상 'METT-TC'라고 한다. Mission(주어진 임무), Enemy(적군 상황, 병력 규모, 구성), Troop available(아군 상황, 병력 규모, 구성), Terrain(지형과 기후), Time available(주어진 시간), Civil Consideration(민간인의 위험에 대한 배려)의 여섯 가지의 요인을 종합 판단해 진지의 위치, 전투 방식 등을 결정한다. 따라서 어느 한 요소만 치중해 의사결정을 하는 건 작전 실패로 귀결될 가능성이 크다.

할 수 있다. 여러 증거에 의하면 웅진성주 예식(또는 예식진)이 반란을 일으켜 의자왕을 포박하고 당군 사령관 소정방에게 끌고 가는 천인공노할 패륜을 저지른 것이다.

첫 번째, 문헌 증거를 제시하면 『구당서』「소정방전」에 나오는 구절을 들 수 있다. 일찍이 단재 신채호가 의자왕이 신하의 배신으로 포로가 되었다고 주장한 근거이기도 하다.

『구당서』에 의하면 "기대장예식 우장의자래항(其大將禰植 又將義慈來降)"◆ 즉 "(웅진성 수비사령관) 예식이 의자(왕)을 묶어 와 항복했다"라는 내용이다. 문장의 구성상 항복의 주체가 의자왕이 아닌 예식이라는 점(禰植 來降, 예식이 와서 항복했다)에서 볼 때 해석의 여지가 없다고 봐야 한다. 의자왕과 신하가 같이 나오는 문장에서 주어가 신하라면 아래 위가 뒤집힌 게 아니면 설명할 길이 없다.

두 번째, 유물 증거도 차고 넘친다. 2006년과 2010년에 중국에서 발견된 두 개의 묘비명에서 『구당서』의 기록을 보강하는 증거가 나온 것이다.

제주대학교 김영관 교수의 연구 결과에 따르면 백제 유민으로 당나라 대장군에 오른 예식진의 묘지명(2006년 발견)에서 예식진이 당나라에 크게 기여한 공이 언급되어 있으며 예식진의 손자

◆ 예식(禰植)은 예식(禰寔) 또는 예식진(禰寔進)으로도 표기되는데 동일 인물이다.

잘못 쓰인 한국사의 결정적 순간들

인 예인수의 묘지명에서 "할아버지가 사비성에 있지 않은 의자왕을 붙잡아 중국 황제에게 바쳤고 그 공으로 당나라 좌위위대장군에 임명되고 내원군 개국공에 봉해졌다(有唐受命東討不庭 卽引其王歸義于高宗皇帝 由是拜左威衛大將軍封來遠郡開國公)"라는 내용◆이 있는데 예인수의 묘지명에는 예식진과 예식이 동일한 인물임을 알려주는 내용도 있었던 것이다.

『삼국사기』에서 "의자왕이 태자와 웅진성 방령군을 데리고 웅진성으로부터 사비성으로 와서 항복(義慈率太子及熊津方領軍等 自熊津城來降)"한 것으로 기록하고 있는 것과 크게 대비된다.

세 번째, 논리적으로 볼 때 웅진의 변이 있었다는 사실을 어렵지 않게 추론할 수 있다. 대규모 전투가 있었고 백제군이 패했다면 나당연합군을 위협할 정도로 강성한 백제부흥군이 일어날 가능성은 없다고 봐야 한다. 이미 군사력이 모두 소진되었을 것이기 때문이다.

백제 멸망 과정에서 이렇다 할 전투는 황산벌 전투가 유일하다. 장기 항전을 결심하고 웅진성에 갔던 의자왕이 당군이 상륙하고 불과 10일 남짓 지나 큰 전투 한 번 치르지 않고 사비성으로 돌아와 항복 의식을 치렀다는 사실도 웅진의 변을 암시하기

◆ 자세한 내용은 제주대학교 김영관 교수가 2012년 2월 29일 자로 <주간조선>에 기고한 글을 참고하기 바란다.

에 충분하다.

웅진성주 예식(진)이 당나라에서 이렇다 할 전공을 세우지도 않았는데 대장군에 봉해지고[◆] 죽어선 특수층만 갈 수 있는 고양원(高陽原)에 안장되는 등 극진한 예우를 받은 사실도 예식(진)이 백제 정벌 전쟁에서 결정적인 공을 세웠다는 방증이 된다.

즉 백제는 망할 수밖에 없는 피폐한 나라가 아니라 상당한 전력을 보유하고 있었음에도 예식(진)의 배신으로 제대로 싸워보지도 못하고 허망하게 무너진 것이다.

『삼국사기』 등 국내 사료에선 왜 웅진의 변을 숨겼을까?

부하의 배신으로 의자왕이 당군에게 포로로 잡히면서 당군이 상륙한 지 불과 10일 남짓한 짧은 기간에 백제가 싱겁게 무너진 건 통일 전쟁에서 신라의 활약상을 홍보하기에 매우 부족한 스토리 라인이다.

신라로선 통일 전쟁 성격보다 당나라의 정복 전쟁 성격이 더 부각되는 게 부담스러웠던 것일까?

◆ 백제부흥군을 이끌던 흑치상지는 당군에게 투항한 후 토번과의 전쟁에 참여했고 전공을 인정받아 대장군 지위에 올랐다. 그러나 예식(진)은 중국에서 세운 공이 없이 수도 방위를 책임지는 대장군 지위에 올랐다.

계백 장군을 띄운 이유

황산벌 전투를 설명하면서 백제군 지휘관도 아닌 계백을 가족까지 죽이는 무시무시한 지휘관으로 둔갑시키고 어린 관창의 화랑도 정신을 강조하면서 황산벌 전투를 두고 4전 5기 시나리오를 동원해 극적으로 미화한 이유는 무엇일까? 두 가지로 보인다.

하나는 신라 역할론으로 설명할 수 있다. 신라가 백제의 명장이 버티고 있는 어려운 싸움터에서 화랑도 정신을 발휘해 극적으로 승리했다고 해야 삼국을 아우르는 주인 역할을 할 수 있기에 가슴에 와 닿는 무용담이 필요했을 것이다.

당군이 의자왕을 사로잡아 백제 정벌 전쟁이 싱겁게 끝났고 당군이 고구려의 평양성을 함락시키는 과정에서 신라군이 조연 역할이나 한 것으로 역사에 기록된다면 '신라가 한반도의 주인 역할을 할 정당성이 크게 부족하지 않을까 걱정'한 게 아닐까?

고구려가 무너진 다음 당군이 물러나길 바랐으나 오히려 주저앉아 고구려, 백제의 옛 영토에는 도호부를 세웠고 신라 영토에도 도호부보다 격이 낮은 대도독부를 세우며 직접 통치하려고 시도하자 신라는 반발했다고 한다.

하지만 당나라 조정에 지원군 파병을 애원하면서 번신임을 자칭해 중국의 일부가 된 신라로선 스스로 불러들인 굴욕이었으므로 실제로 반발했는지 여부는 확인이 필요해 보인다.*

신라가 당군을 상대로 무력투쟁을 시작했다고 하지만 신라가 당군의 상대가 되긴 힘들었다. 냉정하게 볼 때 당군의 정복 전쟁에서 도우미 역할을 한 신라로선 투쟁의 명분도 적었고 고구려, 백제의 유민들에게 손을 내밀기도 멋쩍은 상황이었다.

절체절명의 어려운 상황에서 신라에 천운이 따랐다. 당나라가 토번(지금의 티벳) 군대의 침략을 받아 실크로드 통제권을 상실할 위기를 맞이했던 것이다. 당나라 조정이 부족한 전력을 메꿔야 할 상황에 처했기에 동방원정군을 토번과의 전쟁에 동원하기 위해 본국으로 철수시켰다.

고구려 정복에 큰 공을 세운 안동도호부의 설인귀가 이끈 당군이 670년 7월 청해성(靑海省) 대비천(大非川) 전투에서 명장 가르 친링(티벳 발음: 까르 치링짼뽀)이 이끈 토번군에게 크게 패해 동서무역을 잇는 실크로드의 통제권이 크게 흔들린 당나라는 만주와 한반도에 더 이상 신경을 쓸 수 없게 되었던 것이다.

그래서 고구려 유민들이 발해를 건국할 수 있는 여유 공간이 마련되었다. 당군이 철수하면서 포기하고 간 한반도의 일부(대동

◆ 당나라는 고구려 지역 통치를 위해 평양에 안동도호부를 설치하고 백제 지역 통치를 위해 사비에 백제도호부를 설치했으며 경주에는 계림대도독부를 설치해 직접 지배하려 했다. 평양과 사비에는 도호부를 설치하고 경주에는 도호부보다 격이 낮다고 볼 수 있는 대도독부를 세운 이유는 무엇일까? 당나라에 접근해 지원군을 보내주길 애원하면서 신라가 당나라의 번신임을 자청했기에 이미 신라는 당나라의 영토로 편입된 것으로 보고 있었기 때문이라고 추론할 수 있다. 신라가 스스로 불러들인 환란이자 자업자득인 측면이 강하다.

강과 원산을 잇는 선 이남의 한반도)를 신라가 차지했는데, 간신히 한반도의 일부를 확보하는 데 그친 신라로선 정통성과 지배권을 주장할 근거가 절실하게 필요했을 것이다.

신라가 대동강-원산 이남의 땅을 확보하는 과정에서 당군과 싸웠다는 기록은 검증이 필요해 보인다. 당시 토번과 실크로드 통제권을 두고 전쟁을 벌이고 있던 당나라 입장에서, 번신임을 자처하는 신라가 대동강-원산 이남의 땅을 차지한다고 해서 이미 동방 원정군도 철수시킨 마당에 신라를 공격했다는 건 논리적으로 수긍하기 어렵기 때문이다. 신라의 정통성을 주장하기 위해 만들어낸 이야기일 가능성에 대해 검증이 필요하다.

계백 장군을 부각시킨 또 다른 이유는 백제 유민을 심정적으로 승복시키는 효과를 노렸다고 볼 수 있다. '너희들의 영웅인 계백 장군이 최후 결전에서 훌륭히 싸우다 패전했으니 이제 체념하고 신라의 통치를 받아들여야 한다'라는 논리다.

제대로 싸워보지도 못하고 부하 장수의 배신으로 의자왕이 사로잡혀 항복한 사실이 백제 백성에게 알려지면 저항의 기운이 퍼져나갈 테니 제대로 된 싸움과 그 싸움을 이끈 백제의 영웅이 필요했던 것이다. 황산벌 전투에서 다른 장수들과 달리 투항하지 않고 끝까지 싸우다 전사한 계백을 실제보다 부풀려 크게 부각할 현실적인 필요가 있었을 것이다.

역사 왜곡을 방치하면 안 된다

백제 멸망의 역사는 승자에 의해 왜곡되어 있다. 백제는 왕의 실정으로 무너질 수밖에 없을 정도의 피폐한 나라가 아니었고, 최후의 결사대가 패전함에 따라 항복할 수밖에 없었던 나라도 아니었다.

멀쩡한 나라였고 나당연합군과 싸울 수 있는 군사력을 보유하고 있었으며 고구려군의 응원도 기대할 수 있는 상황이었지만 믿었던 부하의 배신으로 허망하게 무너졌다.

우리 역사 교실은 우리 역사의 중요한 장면인 백제 멸망의 역사 나아가 삼국 몰락의 역사를 있었던 그대로 설명해야 한다. 승자가 멋대로 왜곡해 앞뒤가 맞지도 않는 역사를 후손들에게 가르치는 건 커다란 죄악에 해당한다.

계백은 분명히 실존 인물이었고 나라를 위해 끝까지 싸우다 죽은 충절의 인물임에 틀림없다. 그러나 그는 황산벌 전투의 백제 지휘관이 아니며 가족을 죽였다는 이야기는 꾸며진 내용일 가능성이 크다. 계백이 속한 황산벌 백제군의 성격이 백제 최후의 결사대가 아니라는 사실도 분명히 할 필요가 있다. 그래야 후손들이 우리 역사의 중요한 장면을 제대로 이해하고 교훈을 얻을 수 있다.

전략적 사고능력은 역사 교실에서 양성되어야 하는데 논리와 도덕성이 결여된 엉터리 역사를 가르치는 역사 교실은 오히려 우리 인재들의 전략적 사고능력을 망칠 가능성이 크다.

역사 왜곡 속에 숨어 있는 억지 논리, 논리 비약, 상호 모순 등이 논리적 사고에 장애로 작용해 논리 전개 능력을 함양하기 어렵게 되기 때문이다.

웅진성인가 임존성인가

의자왕은 당군이 밀어닥치자 태자와 고위관리들을 보내 음식을 바치고 잘못을 빌었지만 소정방은 확고한 정벌 의지를 밝혔다. 백제를 제압하면 눈엣가시인 고구려 정벌의 숙원을 이룰 수 있기에 바보가 아닌 이상 하늘이 준 기회를 날릴 이유가 없었다.

당나라의 확고한 뜻을 읽은 의자왕은 지방군이 결집할 시간을 벌기 위해 몽진 길에 올랐는데 선택지는 두 개였다. 현재의 예산군에 속한 지역의 산성 임존성으로 가느냐, 현재의 공주인 웅진성으로 가느냐의 갈림길에서 의자왕은 웅진성을 택했다.

과거의 수도였고 육로와 수로가 모두 갖춰진 곳이어서 인구와 물산이 풍부했을 것이니 하드웨어 측면만 본다면 어쩌면 당연한 선택이었다.

그러나 결과론적으로 볼 때 웅진성을 선택한 건 치명적 실수였다. 웅진성주 예식의 집안이 본래 한족 출신으로서 백제에 귀화한 가문이었기에 배신의 잠재적 가능성이 컸기 때문이다.

임존성은 후에 백제부흥운동의 중심 역할을 한 난공불락의 산성으로 추측컨대 백제부흥운동을 이끈 흑치상지가 성주였거나 흑치상지와 뜻을 같이하는 백제 귀족이 성주였을 것이다. 그렇기에 의자왕이 임존성으로 몽진했다면 자기 군주를 적군에게 팔아먹는 배신 행위는 없었을 것이었다.

의자왕은 본인과 백제의 운명을 맡길 곳을 선택하는 데 하드웨어적 요소만 감안했는데 당연히 성주의 충성도와 배신 가능성을 최우선 고려 요소로 감안했어야 했다.

조상이 한족이었던 예식의 입장에서 보면 당나라 대군의 깃발과 어마어마한 공성 무기를 보고 겁에 질렸을 것이고 당군에 협조해 목숨과 가문을 보존할 궁리를 했을 것이다.

의자왕은 마지막 순간의 중요한 결정을 충분한 고민과 분석 없이 해버린 것이다. 옛 수도이고 인원과 물자가 풍부하니 방어에 유리할 거라는 판단은 일견 합리적으로 보이지만 당면한 위기 상황에 비춰볼 때 너무 단순하게 접근한 것이어서 의자왕 본인과 백제 그리고 우리 민족 전체에게 천추의 한을 남긴 것이다.

의자왕이 취했어야 할 최선의 실행 계획(Best Action Program)은 무엇이었을까? '우선 임존성으로 몽진 목적지를 정하고, 황산벌에 결사대를 보내 몽진하는 의자왕 행렬의 측면을 방어하게 하고, 배신 가능성이 있는 웅진성에 군대를 보내 성주를 중앙의 믿을 만한 장군으로 교체한 후, 지방 영주들에게 군대를 임존성으로 집결시키라고 명령하고, 고구려 조정에 위급 상황을 알려 원병을 요청하는 것'이라고 할 수 있다.

백제부흥군의 활약상에 비춰 생각해볼 때 의자왕이 위의 계획대로 움직였다면 아마도 당군이 철군하거나 항복할 수밖에 없는 상황으로 몰렸을 것이다.

그랬다면 백제는 보존되었을 것이며 고구려도 보존되어 시간이 걸렸겠지만, 결국 삼국 통합의 길을 걸었을 것이고 만주는 우리의 강역으로 남아 있었을 것이다. 아쉬움이 진하게 남는 우리 역사의 한 장면이 아닐 수 없다.

국가나 조직의 운명에 영향을 미치는 중요한 결정은 결코 타성과 관성에 의해 쉽게 이뤄지면 안 된다. 최고의사결정자가 혼자 결정해서도 안 된다. 모든 잠재적 위험요소를 식별하고 평가하는 과정을 반드시 거쳐야 하고 현명한 자들이 모여 토론을 통해 합리적인 결정을 도출해야 한다.

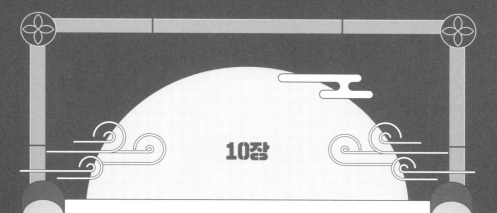

10장

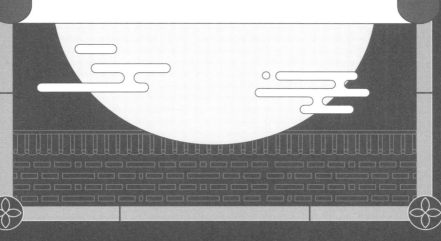

고마워해야 할 당사자는
명나라다

임진왜란은 조선과 왜 사이의 전쟁이 아니라 중국과 왜 사이의 전쟁이며 더 넓게 보면 서양 국가와의 무역을 통해 국력을 키운 왜가 해양 세력을 대표해 대륙 세력에게 도전장을 내민 동아시아 패권 전쟁이었다.

왜의 목표는 분명하게 명나라 정벌이었으며 달성 가능한 목표였다. 위기를 인식한 명나라가 조선 군민의 힘을 빌려 왜군의 대륙 진출을 막은 전쟁이었으므로 고마워해야 할 당사자는 명나라이지 조선이 아니다.

중국의 시진핑 국가주석은 중국과 한국의 전통적 관계에 대해 공식석상에서 두 가지 관점을 제시한 바 있다.

2017년 4월 미국의 도널드 트럼프 대통령과의 공식 만찬 테이블에서 '역사적으로 한국은 중국의 일부였다'라고 10분간에 걸쳐 역설했다. 만찬이 끝난 후 트럼프 대통령이 시진핑 주석의 발언을 기자들에게 공개해 세상에 알려졌다.

시 주석의 왜곡된 역사의식은 1882년 조미수호통상조약 체결 시 조선이 청나라의 속국임을 조약 본문에 명시해야 한다고 주장했던 한족 관료 이홍장의 입장과 같은 맥락이며, 1943년 카이로선언에 한국을 독립시킨다는 내용이 포함되는 걸 강력히 반대하며 한국이 중국의 일부라고 주장한 장제스의 입장과 일치한다.

2014년 7월 한국을 방문한 자리에선 임진왜란 때 명나라가 조선을 도와 일본의 침략을 함께 물리친 역사를 강조하며 삼도수군통제사 이순신 장군과 명나라 수군 부총병 등자룡이 노량해전에서 전사한 사실을 부각했다. 한국과 일본 사이의 간격을 넓히려는 전략적 발언임과 동시에, 이순신과 등자룡을 의도적으로 동렬에 놓고 조명연합수군의 지휘관이 진린 제독임을 간접적으로 이야기한 게 아닌가 추측된다.

다시 말해 중국의 조공국이었던 조선의 위치를 재확인하며 한중 관계를 동격의 국가 간 관계가 아닌 중국 우월주의 세계관에서 바라보고 있음을 시사하는 대목이다. 트럼프 대통령에게 역설한 '한국이 중국의 일부'라는 역사관을 다시 확인해준 셈이다.

선조는 명나라가 천자의 군대를 보내 조선을 구한 은혜를 강조하며 나라를 다시 세워준 은혜, 재조지은을 내세웠다. 현대 전략 전술 측면에서 명나라의 지원군이 갖는 군사적 의미를 분석해 명나라 군대가 어떤 군사적 기여를 했는지 논리적으로 평가해볼 필요가 있다.

국제관계에 있어 일방적 시혜는 있을 수 없으므로 명군이 개입한 게 명나라에게 어떤 이득을 줬는지 제대로 파악함으로써 중국이 임진왜란에 개입한 역사를 기반으로 한국과 한국인에게 느끼는 채권자 의식 내지 우월 의식이 근거가 있는 것인지 따져볼 필요가 있기 때문이다.

문재인 전 대통령의 중국 국빈 방문 과정에서 한국 수행기자단의 일부가 중국 공안원들에게 폭행을 당한 적이 있다. 그때 우리 정부는 제대로 된 항의도 하지 못했고 언론에서도 두루뭉술 넘어갔다. 왜 중국은 필요 이상으로 관대하게 대접하고 허물을 접어주는가? 이런 이해하기 어려운 태도의 기저에 임진왜란 때 우리를 도와줬으니 그 정도는 덮어줄 수 있다는 심리가 존재하는 것일지도 모른다는 생각이 든다.

그러나 임진왜란 때 왜군의 작전 목표와 군사력, 조선군과 명군의 군사 역량과 역할에 관해 자세하게 분석하면 정반대의 해석도 가능하다고 본다.

즉 명나라가 조선을 구한 게 아니라 반대로 조선이 도요토미 히데요시의 명나라 정벌 야욕에서 명나라를 구한 것으로 볼 수 있지 않을까? 조선이 명나라를 구했다고 볼 수 있는 근거를 조목조목 제시해 보고자 한다.

도요토미 히데요시의 야망

히데요시의 전쟁 목표는 한반도 정벌이 아니라 명나라가 지배하는 중국 대륙 정벌이었다. 조선에 보낸 국서에서도 '정명향도 가도입명'이라고 명시해 조선으로의 진군 목적이 명나라를 공격하기 위함임을 분명히 했다.✦

명나라를 공격하는 데 조선이 길을 내어주고 또 앞장서라고 요구한 것이다. 조선을 거의 신하국 수준으로 내려다보고 있는 표현이라고 할 수 있다. 히데요시는 스페인과 포르투갈에도 자신의 중국 대륙 정벌 계획을 사전에 통보했다.✦✦

당시 왜의 군사력으로 중국 대륙 평정이 가능했을까? 가능했다고 볼 수 있는데, 그 근거로 왜의 육군은 전국시대를 거치며 총포를 이용하는 전술의 완성도를 높였고 세계 최고 수준의 소총으로 무장하고 있었으며 무엇보다도 실전 경험이 풍부했다.

일부 군사학자들은 당시 왜의 육군이 무장과 전투 경험에서 볼 때 세계 최강이라고 평가하고 있기에 충분히 해볼 만했다. 훗날 만주족이 10만 명 수준의 철갑기병을 이끌고 중국 대륙을 평

✦ 통상 '정명가도' 즉 '명나라를 정벌하러 가는데 길을 빌려 달라'는 뜻으로 알려져 있다.
✦✦ 스페인의 경우 마닐라에 있는 스페인 총독에게 서한을 보냈고, 포르투갈의 경우 인도에 주둔하는 포르투갈 최고위직에게 서한을 보냈다.

정한 걸 보면 소총으로 무장한 15만 명의 왜 육군이 선전하리라는 관측에 큰 무리는 없어 보인다.

히데요시가 산악 지형으로 군대의 진군과 보급로 확보가 쉽지 않은 데다가 명나라의 조공국인 조선이 순순히 길을 내줄 리 없는데도 중국 해안 지대로 상륙하지 않고 조선을 공격 루트로 선택한 이유는 무엇일까?

중간에서 메신저 역할을 한 대마도주 소 요시토시와 그의 장인인 고니시 유키나가가 조선의 입장을 정확히 전하지 않아서 히데요시가 조선이 순순히 협조할 것으로 오판했을 수 있다. 히데요시의 의욕 과잉으로 조선 군대를 너무 쉽게 본 데다 의병의 활약을 예상하지 못했기 때문일 수도 있다.

히데요시의 서신을 본 필리핀의 스페인 총독은 조선의 산악 지형을 통과하기 어렵다는 점을 들어 왜의 국서가 필리핀을 공격하기 위한 기만 전술일 가능성이 있다고 생각했다.◆

◆ 스페인 총독의 생각은 스페인이 이미 조선의 사정을 꽤 상세하게 알고 있었다는 반증이라고 생각한다. 조선이 해금정책을 펴면서 포기한 바다와 동남아시아 무역이 조선을 우물 안 개구리로 만들고 있는 사이에 동남아시아에서 일본이 약진하고 있었고 그에 따라 이웃인 조선에 대해서도 관심을 가졌음을 간접적으로 알려주는 사례다.

명나라 군대의 소극적 전술

선조가 한양을 버리고 의주로 몽진하고* 명나라로의 망명까지 시도했으나 명나라로부터 거절당했다.

　명나라 입장에선 조공국인 조선이 한반도에서 왜군을 막아서서 왜군이 명나라로 들어오지 못하게 하는 건 조선의 의무라고 생각했을 것이다.

　왜군이 충주 탄금대에서 조선의 정예 기병대를 격파하고 한양을 점령한 후 별다른 저항을 받지 않고 계속 북상해 조명 국경 돌파가 가시권 안에 들어왔다.

　명나라가 직접 피해를 입을지 모르는 급박한 상황이 되니 명나라 조정은 요동에 주둔하고 있던 군대를 파견해 평양성 탈환 작전에 나섰다. 조승훈이 시도한 1차 공격에선 실패하고 이여송

◆ 선조는 명나라로 망명하고자 했지만 신하들이 만류해 의주에 남았다고 하나, 이미 광해군을 세자로 책봉하고 분조해 전투 지휘를 광해군에게 맡기는 조치를 한 선조가 신하들의 의견에 귀를 기울일 이유는 없었다. 선조가 의주에 남은 이유는 명나라 조정이 입국을 허락하지 않는 입장을 취했기 때문이다. '왜적의 손에 죽느니 어버이 나라에 가서 죽겠다.' '북경이 무너지면 남경까지 가겠다.'라는 말을 하며 군주로서의 체통과 의무를 저버리려 했던 선조는 '걸내부(乞內附: 망명을 구걸한다)'라는 제목으로 애절하게 망명 요청을 했지만 명나라의 답신은 '압록강 100리 북쪽 여진족 지역에 폐기된 관아 건물에 100명까지 망명을 허용한다.'라는 것으로 사실상 거절이었다. 100명 규모라면 왕실 식구, 중신, 내시와 궁녀를 빼면 무장 군인은 2~30명 정도밖에 수행하지 못하므로 여진족 비적도 상대할 수 없는 위험한 지경에 몰리게 되니 선택지가 될 수 없었다. 명나라의 답신은 '들어오지 말고 명나라를 정벌한다는 왜군과 왕답게 싸우라'는 뜻이었다.

의 2차 공격에선 명군의 대구경화포가 파괴력을 과시하며 평양성을 탈환했다.

평양성 탈환 이후 왜군이 황해도 이남으로 철수하자 명군은 왜군을 몰아부칠 수 있었는데도 적극적이지 않았고 안일하게 대처하다가 벽제관 전투에서 왜군에게 패퇴했다. 왜군을 가볍게 보곤 포병부대를 뒤에 남기고 경기병과 보병만으로 왜군을 추격하다가 한 방 크게 얻어맞고 사기가 꺾였다.

벽제관 전투 이후에도 왜군의 전투력이 보급 부족으로 현저하게 감소했지만 명군 지휘부는 조선군 장수들의 공격 건의를 묵살했다.

특히 이순신 제독의 활약으로 제해권을 장악한 이후 왜군이 남해안까지 밀려 내려가 성을 쌓고 웅거하고 있는 상황에서도 명군은 적극적으로 공격을 가하지 않았다.

어쩌다 있는 합동작전에서 명군은 늘 제1선에 있는 조선군의 뒤에서 군세를 과시하며 대구경화포로 조선군을 지원하다가 전투 양상이 불리해지면 먼저 군사를 빼 퇴각해 조선군의 피해가 커지는 모습을 보였다.*

◆ 울산성 전투에서 조명연합군에게 포위되어 식량 고갈로 힘겹게 농성 중인 가토 기요마사의 군대를 구하기 위한 구원군이 도착하자, 총지휘관인 명나라 장수 양호가 조선군 장수들에게 알리지도 않고 명나라 군대를 빼 도주하는 바람에 조선군이 큰 피해를 입었다.

어느 경우에도 명군의 전투력을 보존해 후일의 사태에 대비하고자 하는 의도가 보였다.

명군의 목표는 왜군의 격파가 아니라 왜군이 조선에 발이 묶여 명나라로 들어오지 못하게 하는 데 있었다. 아울러 히데요시가 공격 루트를 바꿔 중국의 동남해안으로 상륙할 가능성도 염두에 둔 의도라고 보인다.

만약 조선으로 원정한 왜군이 조명연합군에 의해 전멸하면 분기탱천한 히데요시가 육로에서 해로로 명나라 공격 루트를 바꿀 가능성이 컸다.

소극적 전술의 극치를 보여준 건 제2차 진주성 전투다. 다시 진용을 갖춘 왜군이 제1차 진주성 전투의 빚을 갚고자 재차 진주성을 공격해 함락시키기 직전에 진주성 주변의 명군이 철수해버려 진주성이 고립되었다.

강화 협상을 하러 일본에 가 있던 명나라 장수 심유경이 왜군의 진주성 공격 계획을 미리 알려주고 피하라고 권유했기 때문이었다.

조선 육군의 명품 화약 무기

조선 육군은 병력의 동원과 훈련 등 기본적인 전쟁 준비를 소홀
히 한데다 왜군의 조총과 같은 강력한 개인 화기가 없었기에 전
투 초반에 어려움을 겪었다.[*]

그러나 고려 말 때부터 화약 무기를 개발해 사용한 저력으로
임진왜란 중에 세계 수준의 공용 화기를 개발해 사용함으로써
점차 전투의 양상을 바꾸고 주도권을 빼앗을 수 있었다.

먼저 세계 최초의 기관총이라고 할 수 있는 '화차(火車)'를 발
명해 실전에 배치했다. 변이중이 고안한 화차는 수레에 40군데
의 총구멍을 내 승자총통(勝字銃筒)을 장전하고 심지를 서로 이어
놓아 심지에 한 번 불을 붙이면 포가 차례로 또 연속으로 발사되
는 구조였다.

한 사람이 화차 한 대를 끌고 다닐 수 있어서 적군의 접근 방
향에 따라 기동성 있는 사격이 가능했다. 변이중이 화차 300대를

◆ 임진왜란이 일어났을 때 조선은 제승방략에 입각한 방어체제를 채택하고 있었다. 평시에
는 지휘관이 없는 편제를 유지하다가 전쟁이 발발하면 각 지방에 있는 군대가 지방 수령의 인
솔하에 미리 정한 지점으로 집결하고 중앙에서 내려온 장수가 지휘관이 되어 전장에 나간다는
개념이다. 원래도 군사전략상 문제가 많은 개념인 데다가 왜군의 북상 속도가 너무 빨라 제대
로 작동되지 못했다. 지휘관이 있는 상비군 체제로 군대가 유지되지 않은 이유와 논리적 근거
가 분명하지 않아 보인다. 아마도 상비군을 두면 쿠데타에 의한 왕위 찬탈 가능성이 높았기에
경계한 게 아닌가 생각된다.

제작해 행주산성의 권율 장군에게 보냄으로써 행주대첩에서 크게 활약했다.[*] 박진 장군이 경주를 탈환하는 전투에서도 화차가 큰 역할을 했다.

다음에 들 수 있는 명품 화약 무기로는 세계 최초로 신관 개념을 실용화한 '비격진천뢰(飛擊震天雷)'가 있다. 이장손이 발명한 비격진천뢰는 원시적 형태의 신관을 이용해 폭발 시간을 조절할 수 있어서 개인이 성 아래에 밀집된 적군에게 던질 수도 있고 대완구에 장전해 멀리 쏠 수도 있었다. 왜군 공격에 큰 효력을 발휘했다.

경주성 탈환 전투에서 비격진천뢰가 적진에 처음 떨어졌을 때 왜군이 호기심에 주변에 몰려들었다가 시간이 꽤 지난 후 폭발해 수십 명이 죽고 다쳤다. 귀신의 무기라고 하면서 크게 두려워했다고 전해진다.

대완구에 장전해 발사하는 비격진천뢰는 600미터 이상을 날아가 한꺼번에 서른 명 이상을 살상하는 위력을 보였다. 세계 최초의 박격포 내지는 곡사포라고 할 수 있는 무기로 당시로선 최

◆ 행주대첩에서 아낙네들이 돌을 치마에 싸서 운반하고 그 돌을 던져 싸움에 승리해 '행주치마'라고 했다는 얘기가 있지만, 행주치마라는 단어가 임진왜란 이전에도 사용되었고 헝주대첩은 조선 육군의 공용 화기가 우수했기에 가능했다는 점을 감안하면 행주치마와 행주대첩의 연관성은 없다고 보는 게 타당하다. 행주대첩은 정신력의 승리가 아니라 과학기술의 승리였다. 이런 점을 명확하게 해야 죽창가로 민중을 선동하는 감성적 접근이 발을 붙이지 못한다.

첨단 공용 화기였다.

개인이 성 아래에 던지는 비격진천뢰는 현대의 수류탄과 유사한 개념이었다. 경주성 탈환 전투, 진주성 전투, 금성 전투, 웅포 전투 등 여러 전투에서 위력을 발휘했다.

이처럼 화차와 비격진천뢰는 대량 살상이 가능한 효율적인 공용 화기로서 세계 최초의 기관총, 세계 최초의 박격포 개념을 실전에 응용한 놀라운 무기였다. 임진왜란의 전투 양상을 조선군에게 유리하게 바꾸는 데 결정적인 역할을 했다.

조선군의 화약 무기는 명군 지휘관에게도 깊은 인상을 심어줬다. 1619년 3월에 있었던 사르후 전투는 명나라가 만주족의 숨통을 끊기 위해 기획한 전투였으나 명군이 만주 철갑기병대에게 참담하게 무너져 만주족이 오히려 강력한 국가 기반을 구축하는 정반대의 결과를 낳았다.

특기할 사항은 사르후 전투를 지휘한 명군 사령관 양호가 명나라 조정을 움직여 조선의 총포부대 파병을 요청한 사실이다. 양호는 임진왜란 때 참전한 명군 고위 장수로서 조선군의 높은 화약 무기 수준과 운용 실력을 잘 알고 있었기에 파병을 요청한 거라고 볼 수 있다.

조선 수군의 해상보급로 차단

이순신 제독이 이끄는 조선 수군은 전술이나 무기 체계 그리고 군함의 기능에서 볼 때 세계 최강이었다. 당시 일반화된 해전 전술인 월선 공격에 의한 단병접전을 피하고 원거리 포격을 통한 선체 파괴로 전술을 혁신해 단병접전을 추구하는 왜의 수군에 대해 전술적인 우위를 점했다.

평저선이라 바닥이 평평한 조선 군함의 360도 회전능력을 활용한 기동전으로 적을 포위해 사지로 몰아넣는 전술을 구사해 성과를 냈으며, 철갑으로 덮혀 있는 거북선을 돌격선*으로 운용해 적의 월선 공격을 차단하는 동시에 근거리 화력전을 전개해 적을 공포에 떨게 했다. 선체 파괴 전술 실행을 위해 함포 사격에 많은 비중을 뒀기에 포병 화력에서 왜의 수군을 압도했다.

이순신 제독은 세계 최초의 산탄 대포라 할 수 있는 조란탄을 실전에서 사용했다. 둥근 포탄 대신 새알만 한 구슬 60개가량을 포신에 넣고 쏘면 일정 면적에 탄막이 형성되어 인마를 대량 살상하는 신무기였다.

◆ 세계 최초의 철갑선이라는 평가도 있지만 정확히는 덮개로 선체를 덮어 밖에선 안이 보이지 않고 덮개에 쇠창살을 꽂아 적군이 함부로 올라타지 못하도록 만든 배로 일본 측에선 '맹선'이라고 칭했다.

조선 수군이 압도적인 화력과 체계적인 전술로 제해권을 장악한 데다 조선 육군이 곳곳에 포진함으로써 한반도에 상륙한 왜의 육군이 북상할 경우 제대로 된 보급을 받기 어려웠다. 제해권을 빼앗긴 왜의 육군은 남해안을 벗어난 지역에서 장기간 공세작전을 펼 능력이 없었다.

이순신 제독은 왜군의 서해 보급로 운용을 차단하는 게 전쟁 승리의 핵심 요소임을 누구보다도 잘 이해하고 있었다. 한산도에 삼도수군통제영을 설치한 것도 서해 보급로 차단을 위한 전략적 지점이 한산도였기 때문이다.

서해를 통한 병참선 차단은 한반도 전역에서도 중요한 핵심 전략이지만 왜군이 만약 대륙의 산동 반도나 요동 지역에 상륙한다고 가정할 때도 여전히 전략적으로 중요한 의미가 있었다.

조선 수군의 막강한 전투력은 왜에서 산동 반도와 요동에 이르는 해상 루트를 통제하는 데 있어 명나라 수군의 부담을 크게 줄여줄 수 있었기 때문이다.

정확하게 얘기하면 부담을 줄이는 차원을 넘어 명나라 수군 승리의 핵심 전력 역할을 충분히 하고도 남을 정도로 당시 이순신 제독이 이끄는 조선 수군은 군함의 기동성, 화력, 전술 측면에서 종합적으로 볼 때 세계 최강의 전투력을 보유하고 있었다.

정유재란이 일어나자 명나라 조정은 진린 제독이 지휘하는 해군 5천 명을 파병했다. 진린 제독이 이끄는 명나라 수군이 파병

된 건 명나라 조정이 왜군의 산동 또는 요동 상륙 가능성을 염려하고 있었다는 얘기다.

왜의 육군이 남해안에서 묶여 있을 때 히데요시가 수로에 의한 명나라 침공 작전을 구상할 가능성은 충분했다. 명나라 조정은 막강한 조선 수군의 힘을 빌려 왜군의 상륙 작전을 견제하고자 한 것이다.

조명연합수군의 명목상 지휘관은 명나라 제독 진린이었지만, 실질적으로 전투를 지휘한 장수는 이순신 제독이었다. 통상 전투력이 우위인 쪽에서 지휘를 하는 것이므로 5천 명 수준인 명나라 수군의 전투력이 3만 명 수준의 조선 수군에 크게 못 미쳤다는 방증이다.

한반도 분할론

역사상 한반도 분할론이 최초로 거론된 건 임진왜란 중 명나라와 왜의 강화 협상 테이블이었다. 당시 거론되었던 강화 조건 중하나가 조선의 하삼도를 왜에 할양하는 것이었다.

명나라 군대의 조선 지원 의도가 명명백백하게 드러나는 근거가 바로 한반도 분할을 통한 강화 아이디어다. 명나라가 진정 조선의 안위만을 위해 출병했다면 '한반도 분할론'을 강화협상의 아젠다로 고려하지 않았을 것이기 때문이다.

명나라의 안전만 확보할 수 있으면 조선이 두 동강 나든 말든 상관할 일이 못 된다는 게 명나라의 속셈이었던 것이다. 왜가 제시한 강화 조건이라고 하나 조선을 배제하고 강화협상을 벌인 명나라가 자신이 고려할 수 있는 협상 카드이니까 협상 테이블에 올려놓은 것이고 조선과의 관계를 고려해 왜가 주장한 것으로 포장했다고 보는 게 타당하다.

전쟁 국면이 조선에게 유리하게 돌아가고 있었을 때 명나라 주도로 강화 협상이 이뤄진 사실도 이런 관측에 힘을 실어준다. 명나라는 조선 남해안에서 힘겹게 웅거하고 있는 왜군을 보고 히데요시가 어떤 반응과 대책을 내놓을지 불안하게 생각하고 있었던 것이다. 혹시라도 수로를 따라 명나라에 상륙해 공격하려 들면 어려워지니까 강화 협상을 제안하고 떠보는 것이었다고 생각된다.

만약 히데요시가 수로로 중국 동해안에 상륙하고자 하는 의도가 명백해지면 한반도의 일부를 떼어주면서 회유하려고 했을 거라는 합리적 의심이 든다.

명나라 입장에서 보면 조선은 포커판의 칩에 불과했다. 왜와의 게임에 쓸 수 있는 칩 정도로 조선을 푸대접한 명나라에게 큰 은혜를 입었다며 재조지은 운운하며 법석을 떤 선조와 그 신하들 그리고 한술 더 떠 조선이 명나라의 명맥을 잇는다는 소중화론을 창작해낸 조선 후기 지배 세력의 정체는 무엇일까?

임진왜란 이후 400년이 넘는 긴 세월 동안 조선을 제물로 삼아 자신의 안위를 지키려 했던 명나라를 인자한 어버이나 되는 양 섬기게 하고 명나라가 망한 지 200년이 훨씬 지났는데도 명나라 마지막 연호인 숭정을 연호로 쓰길 고집한 건 상식적으로 이해가 되지 않는다.

그들의 마음속에 자리 잡고 있는 국가와 백성은 어떻게 정의되고 있는 것이었을까? 그들은 소중화론을 진정으로 신봉했던 것일까? 아니면 어리석게 보는 백성을 통제하기 위한 수단이었을까?

명나라 외교관 보고서

명나라 신종 만력제는 조선 조정에 지원군 파병 방침을 통보하기 위해 예부 소속으로 외교문서를 다루는 조직인 행인사(行人司)의 행인(行人) 설번을 사신으로 보냈다. 설번은 의주에 하루만 머무르고 급히 귀국해 병부에 보고서를 냈다.

보고서는 크게 두 부분으로 나뉘어 있다. 명나라의 파병 결정이 조선을 위해서라기보다 명나라를 지키기 위해 조선 땅의 지정학적 이점을 활용하고 조선 관민의 힘을 빌리려는 데 있음을 명백히 하고 있다.

첫 번째 부분은 조선 조정의 태도에 대한 관찰과 평가다. 개국 이래 북로남왜(北虜南倭)의 침략*에 시달려온 명나라로선 일본과 조선의 관계에 의심을 갖고 있었다. 조선이 일본을 도와 함께 명나라를 칠 가능성이 있다고 본 것이다.

7세기에 당나라 군대가 백제를 공격했을 때 왜의 지원군이 파병되었던 역사가 있고 히데요시의 국서에서도 '정명향도'라는 글귀가 나오듯 조선이 일본의 향도 역할을 할 가능성이 있다고 생각할 수도 있다. 설번은 "황제의 파병 방침을 듣고 감격해 울지 않는 이가 없었다"라고 보고해 의심을 풀게 했다.

두 번째 부분은 파병의 필요성과 당위성에 관한 내용을 담고 있다. "왜구가 저장성과 광동성을 유린했지만 북경이 온전했던 건 조선이 울타리 역할을 했기 때문"이라고 하면서 명나라를 지키기 위해선 지정학적으로 중요한 위치에 있는 조선을 지켜야 한다고 주장했다.

설번은 "걱정거리는 조선에 있는 게 아니라 우리 강역에 있고

◆ 북로는 몽골을 의미한다. 비록 몽골이 북경을 내주고 사막 지방으로 갔지만 여전히 강성해서 처음에는 오이라트가 명나라를 위협했고 나중에는 타타르가 위협했다. 오이라트는 명나라 정통제를 포로로 잡았다가 풀어주기도 했고 오이라트를 꺾은 타타르는 한때 북경을 포위했다. 왜구는 주로 남쪽 해안 지대를 노략질했는데 명나라가 해금정책으로 무역을 금지한 데 따른 반작용이었다. 무역에 종사하던 자들이 생업 기회를 박탈당하자 해적으로 변신한 것으로 중국인 왜구도 많았다고 전해진다.

내지(內地)까지 진동될 게 두렵다"라고 하며 왜군이 조선에 침입한 게 명나라에게 화급한 사안임을 상기시키고 있다. 또 "지원군을 빨리 보내면 우리가 조선의 힘을 빌릴 수 있지만 늦어지면 왜가 조선 사람들을 거느리고 우리와 싸울 것"이라고 주장하며 명나라 방어에 조선의 힘을 빌리려면 파병을 빨리 해야 한다고 역설하고 있다.

설번 보고서의 두 번째 부분은 설번 개인의 의견이라기보다 명나라 조정이 열띤 토론 끝에 얻은 콘센서스라고 봐도 크게 무리가 없을 거라 생각된다.

파병 방침이 확정된 이후에 쓴 보고서이고 파병 방침을 알려주러 온 사신인 설번의 입장에선 콘센서스에 입각해 무난한 보고서를 쓰고자 했을 것이기 때문이다.

설번의 임무는 파병에 앞서 최종적으로 조선 조정의 태도를 관찰해 보고하는 것이었지 파병 여부에 관한 판단을 내리는 게 아니었다. 그렇기에 첫 번째 부분에는 개인 의견이 들어 있지만 두 번째 부분은 개인 의견이 아니라고 봐도 무방하다.

명나라 관리가 쓴 보고서에서도 볼 수 있듯 조선의 힘을 빌려 왜군을 조선 땅에서 물리쳐 전란의 화가 명나라 땅과 백성에 미치지 않도록 하고자 조선 지원군 파병을 결정한 것이다.

정유재란이 일어났을 때 명나라 병부 상서로서 조선 지원군 사령관을 겸했던 형개도 설번과 유사한 논리를 펴며 명나라 지원군의 조속한 파병을 주장했다.

설번의 보고서를 보면 앞서 의문을 제기했던 히데요시의 공격 루트 선택에 관한 답이 나올 수도 있다고 생각된다. 즉 히데요시가 조선을 공격 루트로 선택한 이유는 조선의 인적 자원과 물적 자원을 징발해 명나라 공격에 동원하려는 뜻이 숨어 있었다고 볼 수 있는 것이다.

왜군이었다가 조선에 귀순해 조선을 위해 싸운 항왜(降倭)가 많았지만 왜군에게 협조한 조선인을 지칭하는 순왜(順倭)도 존재했던 사실을 감안하면, 조선 조정이 왜에 항복해 조선의 인력과 물자를 동원할 수 있는 가능성을 높게 보고 조선을 공격 루트로 선택한 것이다.

기요마사가 정문부 장군이 지휘하는 의병에 밀려 함경도에서 퇴각할 때 조선군의 추격을 저지하려고 순왜 수천 명을 후위로 배치했다는 기록을 볼 때 순왜의 규모가 상당했음을 미뤄 짐작할 수 있다.

정명향도의 의미는 조선이 알아서 왜에 협조하면 좋고 저항하면 무력으로 눌러서라도 명나라 정벌에 앞세우겠다는 뜻을 표명한 게 아닐까? 왜도 조선의 힘을 빌리고자 한 것이다.

조선이 명나라를 구했다

임진왜란 개전 초기 저항 의지를 상실한 선조의 무조건 도주로 인한 지휘 공백과 제승방략이라는 실행 가능성이 다소 떨어지는 허술한 동원 체제로 조선군이 체제를 갖추지 못하고 어려운 상황에 처했을 때 명군이 평양성을 탈환해 숨통을 터주는 역할을 한 건 분명한 사실이다.

전쟁 전반의 진행 양상을 평가해 볼 때 조선을 위한 출병이 아니라 명나라를 지키는 데 조선군을 활용하고자 하는 의도가 더 컸다. 명나라에게 고마워할 필요가 없다는 건 아니나 냉정하게 보면 명나라가 조선에 진 빚이 더 크다는 점을 지적하고 싶다.

명나라 정복을 기치로 내세운 왜군과의 전투가 조선 땅에서 이뤄졌기에 명나라의 신민과 강토가 온전히 보존되었다. 벽제관 전투 이후 명군의 활약이 미미해 조선 군관민의 분투로 왜군의 조명 국경 돌파를 저지했다고 봐도 크게 틀리지 않는다.

물론 명나라 군대가 함께한다는 게 조총이라는 신식 개인 화기로 무장한 전투력 있는 왜군을 마주한 조선 군관민의 사기를 올려주는 효과가 있었고 특히 개전 초반에 분명히 존재한 건 사실이다.

그러나 시간이 지나면서 소극적 태도로 일관하는 데다 조선 관료와 조선 장수들에게 군림하며 패악질하는 명군의 행태가 조

195

선 군관민의 사기를 오히려 떨어트렸을 가능성이 크다.◆

명군의 수탈이 왜군보다 심해 조선 백성을 피곤하게 했다는 점도 반드시 짚고 넘어가야 한다. 보급로가 길어 명나라에서 조선으로 이어지는 보급이 원활하지 못하자 명군 수뇌부는 양곡 현지조달 정책을 채택했는데, 이 과정에서 가뜩이나 식량 부족에 허덕이고 있던 조선 백성에게 부담을 줄 수밖에 없었다.

조선 백성 사이에 '왜군은 얼레빗이고 명군은 참빗이다'라는 말이 돌았다. 명나라가 조선 원정군 때문에 많은 국가 예산을 사용하고 국력이 약화되는 계기가 되었다는 주장이 있으나, 왜군이 조선 땅에 묶여 있지 않고 조명 국경을 돌파해 중국 깊숙이 전진했다면 몇 배의 예산이 더 들었을 것이다. 그렇기에 재조지은을 강조한 선조의 입장에 동조하기 어렵다.

선조가 재조지은을 강조한 건 백성을 버린 군주라는 오명에서 벗어나 전란이 끝난 후 전쟁 영웅에 의해 왕위가 찬탈될 가능성을 경계하고자, 전란 극복의 공이 명나라 군대에 있으니 명나라 군대를 불러들인 자신이 전란 극복의 중심에 있다는 궤변을 합리화하기 위한 억지 구호일 뿐이다.

의병장은 단 한 명도 공신 목록에 올리지 않고 선무공신으로

◆ 대표적인 실례를 들면, 경주 탈환전에서 공을 세운 병조참판 박진 장군은 명나라 장수 누승선에게 구타당한 후유증으로 사망에 이르렀다.

봉해진 열여덟 명의 무관보다 많은 스물네 명의 내시를 호성공신으로 봉한 선조는 일본인들까지 인정하는 이순신 제독의 전공도 부인하며 조선인은 전란 극복의 공이 없다는 폭탄 발언까지 서슴지 않았다.

문제는 재조지은이라는 허망하고 허황된 구호가 조선 후반기를 지배하는 강력한 독트린이었다는 사실이다. 재조지은은 병자호란을 겪고 난 후 '조선이 대륙에서 사라진 명나라의 뒤를 잇는 한족의 나라'라는 해괴망측한 사관의 소중화론으로 진화했다.

열강이 한반도 지배권을 두고 각축할 때 조선 식자층이 내세운 구국의 구호가 존한양이(尊韓攘夷)가 아니라 존화양이(尊華攘夷)였다는 사실을 결코 가볍게 지나쳐선 안 된다.

11장

19세기 조선이 놓친
두 번의 기회

19세기 후반 조선은 러시아와 영국의 그레이트 게임(Great Game) 소용돌이 속에서 신미양요, 거문도 사건 등을 겪었다. 우리 역사 교실에서 신미양요는 서양 세력과의 무력 충돌 사건 정도로 다루고 거문도 사건은 거의 다루지 않지만, 두 사건 모두 조선의 진로에 중대한 영향을 미친 의미 있는 사건이었다.

미국, 영국과 우호적 관계를 맺고 그들의 힘을 이용해 청나라, 일본, 러시아를 견제해 독립국 지위를 얻고 근대 국가로 발전할 기회를 얻을 수 있었으나 조선 지배층의 무지함으로 놓쳤다. 아관파천 또한 국제적인 역학관계의 흐름을 제대로 이해하지 못한 데 따른 잘못된 선택이었다.

일본은 당시 국제사회의 리더인 영국의 손을 잡았지만 조선은 영국의 적인 러시아와 손을 잡았다. 조선의 운명은 나락으로 향했다. 경쟁이 없고 승자가 언제나 승자인 국가와 기업은 역량 부족으로 변화하는 환경에 적응하지 못하고 소멸할 수밖에 없다.

19세기 후반의 조선은 거센 바람 앞에 서 있는 작은 촛불이었다. 얼지 않는 항구를 얻고자 한반도로 내려 오려는 의도가 명백했던 러시아에 맞서 서방 세계의 리더 영국은 세계 곳곳에서 러시아 견제 정책, 일명 그레이트 게임을 강력히 추진하고 있었다.

일본이 네덜란드를 유일한 창구로 하는 서구 학습 체계*에서 벗어나 떠오르는 산업 대국 미국과 가나가와 화친조약을 맺고 산업기술을 배우며 정한론을 다듬고 있던 반면, 두 차례의 아편 전쟁에서 영국에 패전한 청나라는 서방 세계의 제국주의에 시달리며 스러져가는 병든 거인이었다. 신흥 강국인 미국은 이 모든 상황을 지켜보면서도 한반도에 영토 획득의 야망을 갖고 있진 않았다.

조선은 이처럼 5개국의 치열한 각축전 속에서 절체절명의 위기를 맞고 있었다. 주일 청국공사관의 황준헌이 쓴 『조선책략』은 개화의식을 가진 조선 사대부들에게 외교 가이드북이자 국제관계 지침서 역할을 했지만 실제로는 없느니만 못한 의미 없는 종

◆ 16세기 포르투갈을 서방과의 교역 창구로 활용하던 일본은 도쿠가와 막부가 들어서며 포르투갈 선교사들의 기독교 포교 행위를 금지하면서 교역 창구를 네덜란드로 바꿨다. 네덜란드를 통한 서양 학문 연구를 '란가쿠(蘭學)'라고 칭했다.

이 묶음에 불과했다.

『조선책략』은 기본적으로 러시아를 막기 위해 조선이 취해야 할 전략을 논한 책임에도 불구하고, 당시 국제사회의 리더인 영국의 위상과 역할에 대한 언급이 거의 없었기 때문이다.

그로 인해 조선 사대부가 영국과 러시아 사이의 긴장 관계, 즉 국제사회의 권력 구조와 영국의 중요성을 인식하지 못하는 데 크게 일조했다.

반면 일본은 미국으로부터 산업기술을 배우면서도 일찍이 영국의 국제적 위상을 간파하고 1863년 영국의 대학교에 유학생을 파견◆하는 등 영국과 우호적 관계를 맺음으로써 만주와 한반도에서 청나라와 러시아를 밀어내고 동아시아의 맹주 자리에 오를 수 있는 외교적 기반을 다질 수 있었다.

그렇다면 조선은 일본처럼 영국과 미국과 가까워질 기회가 전혀 없었던 것일까? 1871년 신미양요는 1866년 대동강에서 발생한 미국 무장상선 제너럴셔먼호 침몰 사건을 두고 미국이 조선에 책임을 묻는다는 목적보다 조선을 개항해 교역하려는 의도가 더 강했지만, 조선 조정이 강경한 태도로 일관하면서 무력 충돌

◆ '조슈 파이브'라고 한다. 조슈번(지금의 야마구치현)에서 영국의 유니버시티 칼리지 런던(UCL)에 유학을 간 다섯 명 중에는 후에 총리대신을 지내고 조선 침략에 앞장선 이토 히로부미와 외무대신으로 활약하고 조선 침략 과정에서 강화도조약 체결 등 중요한 역할을 한 이노우에 가오루가 있다. 이들은 일본의 근대화 과정에서 큰 역할을 했다.

로 치달았다.

조선은 미국의 진정한 의도를 파악하지 못한 채 조선군과 미군 사이에 있었던 전투만 크게 부각시켰고, 그나마 일방적이고 비참한 패전을 승전으로 둔갑시키는 바람에 조선을 엉뚱한 방향으로 표류하게 만들었다.

다른 한편, 1885년 영국 해군이 여수 앞바다의 거문도를 강제로 점령한 거문도 사건은 그야말로 제 발로 걸어 들어온 영국과 협력 관계를 맺을 수 있는 절호의 기회였다.

하지만 영국의 국제적 위상과 러시아 견제 정책에 대해 전혀 파악하지 못하고 있었던 조선 조정은 2년간의 점령 기간 중 적극적인 교류를 시도하지 않는 실책을 저질렀다.

조선 조정은 거의 방관자처럼 행동하며 청나라에 의존해 문제를 해결하려는 극히 소극적이고 종속적인 태도로 일관해 영국과 가까워질 수 있는 기회를 포착하지 못했다.

그로부터 2년 후 영국 해군이 거문도를 떠나고 남은 건 영국 해군 장병과 거문도 백성이 같이 찍은 사진, 그리고 조선은 청나라의 속국이라는 부정적 이미지를 국제사회에 널리 알린 것뿐이었다.

19세기 후반의 조선을 둘러싼 국제 역학관계와 역사적 의미를 비판적으로 분석하고 그로부터 얻을 수 있는 교훈을 도출하고자 한다.

19세기 후반의 국제 역학관계 개관

19세기 후반에 국제 질서를 이끄는 리더는 영국이었다. 영국은 아시아, 아프리카, 카리브해에 걸쳐 광대한 식민지를 경영하고 있었으며 나폴레옹전쟁과 보불전쟁을 거치며 유럽에서의 주도권을 확립했다.

'해가 지지 않는 나라'라는 별칭이 의미하듯 영국은 절대강자로 군림하고 있었다.

1. 러시아의 남진 정책과 그레이트 게임

뒤늦게 산업화 대열에 합류한 러시아가 식민지 획득과 해외시장 개척을 통해 몸집을 늘릴 목적으로 남진 정책을 추진하자 영국이 제지에 나선다.

아프간전쟁(제1차: 1838~1842, 제2차: 1878~1880)과 크림전쟁(1853~1856)의 결과 러시아의 의도가 좌절됐다. 하지만 러시아로선 대외교역과 식민지 획득을 위해 남진 정책을 추진해야 했다.

얼지 않는 바다와 항구가 필요했지만, 영국을 포함한 기존의 유럽 열강들은 러시아의 등장을 달가워하지 않았고 오히려 크게 경계했다. 특히 영국은 러시아가 인도에 관심을 갖고 있다고 의심하며 중앙아시아에서 러시아를 밀착 견제했다.[*]

러시아는 태평양에도 관심을 보였는데 하와이 제도의 카우아이(Kauai)섬에 러시아 포대 유적지가 남아있다.** 태평양으로 향하는 동쪽 출구 역할을 할 수 있는 위치에 있는 한반도는 러시아의 중요한 관심 대상이었다.

러시아는 러일전쟁에서 일본에 패배하고 나서야 비로소 타의에 의해 한반도 진출의 뜻을 접었다고 볼 수 있다.***

2. 아편전쟁

영국의 동인도회사는 중국의 차와 도자기를 유럽으로 수입하는 데 그치지 않고 마약인 아편의 판매로 중국에서 큰돈을 벌었다. 그러나 국민 건강을 크게 해치는 아편의 폐해가 심각해지고 중국의 은이 해외로 과다 유출되는 문제가 생기자 청나라 조정

◆ 냉전 시대에 소비에트연방은 제3세계 운동을 주도한 인도에게 많은 지원을 했다. 인도군의 무기체계가 러시아군과 유사할 정도로 긴밀한 관계를 유지한 전통 때문인지 러시아-우크라이나 전쟁 때 인도는 쿼드(QUAD)의 일원이면서도 러시아를 직접 비난하진 않았다.

◆◆ 1817년에 준공된 엘리자베스 요새(Fort Elizabeth)가 대표적인 러시아 포대이며, 알렉산더(Alexander) 포대와 바클라이 드 톨리(Barclay-de-Tolly) 포대도 건설했다. 카우아이 왕국이 러시아의 속령이 되어 러시아가 무력으로 하와이 본섬의 카메하메하 왕조를 타도하고자 하는 과정에서 카우아이섬에 러시아 해군의 요새가 구축되었다. 이때는 아직 알래스카가 러시아의 영토(1867년에 미국에 매각)였기에 알래스카 모피 교역 과정에서 러시아의 배가 하와이 제도에 기착하기도 했다. 러시아는 캘리포니아에도 요새를 건설했던 적이 있다.

◆◆◆ 청일전쟁이 끝난 후 러시아와 일본 사이에 전운이 고조되자, 고종은 러시아 황제에게 친서를 보내 러시아와 대한제국이 손 잡고 일본에 대항하자고 제의했으나 러시아 황제가 거절했다. 러시아가 대한제국을 동맹의 대상이 아니라 일본과의 전쟁 승리 후 획득할 전리품 정도로 여겼다는 증거라고 할 수 있다.

에서 아편 무역을 금지했다.* 이에 반발한 영국이 청나라를 침공해 아편전쟁이 발발했는데 인류 역사상 명분이 없는 전쟁 중 하나였다.

두 차례(제1차: 1839~1842, 제2차: 1856~1860)에 걸쳐 일어난 전쟁에서 중국은 부패하고 무능한 왕조의 삽질과 무기의 열세로 패배했고 막대한 배상금과 함께 홍콩, 연해주와 같은 영토를 할양하는 굴욕을 당했다. 아편전쟁을 계기로 청나라는 더 이상 세계의 중심이 아니라 유럽 열강의 각축장 신세가 되었다.

중국의 몰락은 중국만의 문제가 아니었다. 중국과 조공 관계를 맺고 경제와 안보를 중국에 의존해왔던 아시아 국가들의 시련을 예고하는 것이었다.

청나라와의 조공무역이 거의 유일한 대외교역 창구였던 조선의 입장에서 볼 때 청나라의 몰락은 '독립해 다른 길을 걸으며 생존할 것인가', '같이 몰락할 것인가'의 갈림길에 선 중대한 도전이었다. 하지만 조선은 청나라에 더욱 예속되는 길로 역주행을 했다.

◆ 흠차대신 임칙서가 중국 광주에서 아편을 압수해 폐기 처분하는 강경조치를 취함으로써 영국에게 전쟁의 빌미를 제공했다. 약자가 좀 더 노련하게 대처했더라면 전쟁을 피할 수도 있었지 않았나 하는 아쉬움이 있다.

3. 미일화친조약

1853년에 매튜 페리 제독이 이끄는 동인도 함대가 개국을 요구하자 일본 막부는 무력으로 대응하지 않고 대책 마련을 위한 시간을 얻고자 숙고 기간을 요청했다.

일본은 이미 제1차 아편전쟁을 계기로 힘의 축이 동양에서 서양으로 기울고 있다는 인식을 갖고 국제사회의 움직임을 예의주시하고 있었기 때문이었다.

아편전쟁 이전에 일본 막부는 1825년 공포한 이국선타불령(異國船打拂令)에 따라 청나라 배와 네덜란드 배 이외의 외국 선박이 접근해 올 경우 대포를 쏘아 쫓아냈으나, 아편전쟁에서 유럽 세력이 승리하자 방침을 바꿔 유럽 선박에 우호적 태도를 보이고 있었다.◆

이듬해인 1854년에 페리 제독이 이끄는 함대가 다시 일본으로 들어오자 미국과 일본은 미일화친조약(가나가와조약)을 맺고 시모다, 하코다테 등 두 개의 항구를 개방했다. 일본은 페리 제독이 끌고 온 증기선◆◆을 처음 보고 놀라 임진왜란 이후 오랜 기간

◆ 제1차 아편전쟁이 있기 전인 1837년에 이국선타불령에 따라 일본 가고시마 해안으로 접근하는 미국 상선 모리슨호에 포격을 가하는 일이 벌어졌는데, 이때 이미 일본 식자층에서 이국선타불령에 대한 비판 여론이 있었다. 일본의 지식인들이 조선의 지식인들에 비해 넓고 열린 시각으로 국제 정세를 들여다보고 있었다는 증거라고 할 수 있겠다.

◆◆ 구로후네 즉, 흑선(黑船)이라고 부르며 미국 국력의 상징으로 여겼다.

서학 스승으로 모신 네덜란드에서 미국으로 스승을 바꿨다. 이후 맹렬하게 미국의 산업 역량을 섭렵하며 세계적인 군사 강국으로 올라서는 과정을 착실하게 밟아나갔다.

율리시스 그랜트 대통령이 퇴임 후 일본을 방문해 우에노 공원에 기념 식수를 하고 일본이 워싱턴에 왕벚꽃나무를 가로수로 기증하는 등 미국과 일본의 우호 관계는 중일전쟁이 발발하는 1930년대 후반까지 80년 이상 지속되며 일본의 서구화를 이끌었다. 19세기 후반 일본에선 영어를 공용어로 해야 한다는 주장까지 제기되기도 했다.

4. 태국의 독립국 지위 유지

태국은 18세기 후반 인도차이나로 진출하려는 프랑스에 밀려 인도차이나의 중심 국가로서의 영향력을 잃으며 주권을 상실할 위기에 처했다. 하지만 영국을 끌어들여 프랑스와 영국 사이의 세력 균형을 토대로 중립적 입장을 견지함으로써 서구의 식민지로 전락할 위기를 넘겼다.

영국과 프랑스 사이에서 줄타기를 하는 태국의 외교 전략을 '대나무 외교(Bamboo Diplomacy)'라고 한다. 유연하게 휘는 대나무처럼 주변 정세의 변화에 따라 유연하게 입장을 정리한다는 뜻이다. 때로는 영토를 떼어주고 때로는 치외법권과 경제적 특권을 인정해주면서 강대국 간의 세력 균형을 추구하는 전략으로 독립국으로서의 주권을 지켰다.

프랑스에겐 라오스, 캄보디아에 행사하던 영향력을 포기하는 유연성을 보였고 영국과는 1855년에 체결된 보링조약을 통해 치외법권을 인정하고 자유무역권을 부여했다.

덕분에 영국과 프랑스로부터 독립을 인정받았으며, 1896년에 영국과 프랑스 간의 조약이 체결되어 국제적으로 확고한 위치를 차지하기에 이르렀다.

미국은 통상을 원했다

1871년 신미양요는 미국이 1866년 대동강에서 조선 관민의 화공을 받고 불에 타 침몰한 제너럴셔먼호 사건의 책임을 조선 측에 묻고, 조선을 개국해 통상 관계를 수립하기 위해 존 로저스 제독이 지휘하는 아시아 함대(군함 5척, 함포 85문, 병력 1,230명)를 강화도에 보냈다가 조선군과 충돌한 사건이다.

당시 미국의 주된 의도는 일본에서 페리 제독이 했던 것처럼 무력시위를 통해 조선이 자발적으로 개항하도록 유도하는 것이었다. 해밀턴 피쉬 국무장관이 프레데릭 로우 북경 공사에게 그랜트 대통령이 조선 왕 앞으로 보내는 서한을 송부하고 난파선의 보호와 구조를 확약하는 통상조약을 맺으라고 훈령했으나, 조선 조정은 개항을 할 의도가 없었다.

특히 일본 막부처럼 미국의 군함인 증기선이 함유하는 기술적 의미를 이해할 수 있는 능력이 없었기에, 완강하게 미국 측 통상 의도를 무시하던 중 무력시위를 위해 미군 함정이 접근해오자 조선군이 발포함으로써 전투가 시작되었다.

초지진과 광성보 전투에서 현대식 곡사포와 소총으로 무장한 미군의 우세한 화력에 일방적으로 밀린 조선군은 사령관 어재연 까지 전사하면서 전멸에 가까운 피해를 입고 참패했지만 미군 전사자 수는 세 명에 불과했다.

조선 조정에서 새로운 사령관을 임명하고 전투 의지를 보이자 미군은 더 이상의 전투가 무의미하고 본국의 훈령 범위를 벗어 난다고 판단해 퇴각하기로 결정했다. 이에 조선 조정은 조선군이 미군과 싸워 이겨 미군을 패퇴시킨 것으로 포장하고 전국에 척 화비를 세우면서 쇄국 정책의 고삐를 더욱 죄었다.

협상 과정에서 조선 측은 조선이 중국의 번국이므로 독자적으 로 외교할 권한이 없다는 둥, 조선은 너무 가난해 교역을 할 만한 물건이 없다는 둥 횡설수설하고 완고한 태도로 일관함으로써 미 국 측이 제풀에 나가떨어진 측면이 없지 않다.

쇄국 정책을 실행하는 관점에서 보면 나름 협상력을 발휘했다 고 볼 수도 있겠으나, 이미 두 차례의 아편전쟁을 통해 종이호랑 이로 전락한 청나라에 여전히 의존하는 모습을 보이는 한편 신흥 강국인 미국의 역량에는 일말의 관심도 보이지 않음으로써 우물 안 개구리의 참모습을 보여준 어이없는 사건이었다.

조선 조정이 국제 정세를 꿰고 있었다면 이 기회를 청나라의 사슬을 끊고 독자적인 발전의 길로 나아갈 수 있는 절호의 계기로 인식하고 적극 활용했어야 했다.

미국에게 제너럴셔먼호 사건에 관해 유감 표명과 함께 재발 방지를 약속하고 부산, 목포 등 몇 개의 항구를 개항하며 우선 무역 권한 등 특별대우를 약속한 후, 영국이 태국에서 했던 것처럼 미국에도 조선 독립을 위해 균형추 내지는 보호자 역할을 하도록 요청하고 미국의 발달한 문물을 받아들여 조선을 부국강병의 길로 이끌어야 했다.

조선은 왜 그러지 못했을까? 조선 조정은 미군과의 전투에서 참패하고도 무기체계의 개선을 위한 노력을 하지 않았다. 상식적인 정부라면 전투 과정과 결과를 분석해 패전 원인을 분석하고 신식 무기의 구입과 제작에 사활을 걸고 대대적으로 나서야 했지만, 10년 후인 1881년에야 비로소 두 개 소대 규모의 신식 군대를 편성해 신식 무기로 무장시키는 데 그쳤다.

조선 조정은 미군이 물러가며 포로를 송환하겠다는 제의를 거절하는 만행도 서슴지 않았다. 국민을 위한다면 조정을 위해 목숨 걸고 싸우다 포로가 된 군인을 구출하려고 노력해야 함에도 불구하고 반대로 그들을 져버린다는 건 상상조차 하기 싫은 일이다.

영국의 힘을 이용할 기회 상실

1885년 3월 1일 영국 해군은 군함 세 척을 보내 여수 앞바다의 거문도를 무력으로 점령하고 1887년 2월 5일까지 주둔했다. 러시아는 1860년에 블라디보스토크를 강제로 점령하며 유럽에서 좌절된 남진 정책을 동아시아 극동에서 추진하려는 의지를 보였으나 블라디보스토크도 부동항은 아니었기에 더 남쪽으로 진출하고자 했다.

아프가니스탄에서 두 차례의 전쟁을 치른 후에도 영국과 러시아는 유럽과 중앙아시아에서 여전히 긴장 상태에 있었다. 영국은 러시아의 한반도 점령 의도를 선제적으로 봉쇄할 전진기지로서 주변의 수심이 깊어 대형 선박의 기항이 가능한 거문도를 선택했다. 영국 해군은 거문도를 해밀턴항(Port Hamilton)으로 명명하고 섬 주위에 기뢰를 설치한 후 섬에 방어진지와 포대를 설치해 군사 요새로 만들었다.

조선 조정은 조선이 세계적 규모의 분쟁인 그레이트 게임의 한 가운데 있다는 인식을 갖지 못했고, 더군다나 이 기회가 세계 최강국 영국과 친해지는 행운을 선사할 수 있다는 생각은 꿈에도 하지 못했다. 그저 고약한 서양 오랑캐가 나타났으니 청나라에 기대 문제를 해결하겠다는 지극히 얌전한 생각밖에 없었다.

미국과 일본은 영국을 지지했고 청나라는 조선에 대한 종주권을 인정받겠다는 의도를 가지고 적극 개입했다. 청나라는 처음에는 종주권도 국제적으로 인정받을 겸 영국의 거문도 점령과 조차를 공식적으로 승인하려 했지만, 러시아가 강력히 반발하면서 조선의 다른 섬을 점령할 수도 있다는 협박을 하자 방침을 바꿨다.

청나라가 영국 해군의 철수를 요청했고 북양대신 이홍장의 중재로 러시아로부터 조선의 영토를 침범하지 않는다는 약속을 받아내자 거문도의 군사전략적 가치에 대해 의문을 품고 있던 영국 해군은 거문도에서 철수했다.

결국 거문도 사건은 조선 조정의 소극적 태도와 무지로 병든 거인 청나라에 대한 예속만 강화되는 결과를 낳았고, 조선이라는 나라가 제 문제도 스스로 해결하지 못하는 허약체임을 만천하에 알리게 되어 국제사회의 동네북으로 전락하는 결정적인 계기가 됐다.

만약 조선이 청나라와의 마찰을 각오하고 독자적으로 영국과 교섭해 거문도 조차를 허용하고 반대급부로 조선의 독립적 지위를 영국으로부터 인정받는 외교 수완을 발휘했더라면 다른 길을 걷지 않았을까?

프랑스의 위협에 직면한 태국이 영국을 끌어들여 세력 균형을 이루고 유연한 대나무 외교로 독립을 지켰듯, 조선 조정도 영국의 힘을 이용할 수 있는 기회가 주어진 게 거문도 사건의 중요한 역사적 의미였다.

하지만 조선 조정의 외교 역량과 국제적인 안목이 턱없이 부족했다. 진정 아쉬운 역사의 한 장면이라 아니할 수 없다.

거문도에 상륙한 영국 해군은 주민들에게 의료 혜택을 제공하고 공사에 동원할 경우 근로 대가도 충분히 제공하는 등 우호적인 태도로 일관해 조선 관민과 좋은 관계를 유지했다.

당시 서구 열강의 군대가 비유럽 국가에서 보여준 일반적인 행태에 비춰볼 때, 영국 해군과 거문도 주민 사이에 형성된 우호 관계는 당시 영국 정부가 조선의 전략적 중요성을 인식하고 조선과 우호 관계를 갖고자 하는 의도가 있었을 거라고 추론할 수 있는 근거가 된다.

조선의 대응 여하에 따라선 세계 최강 영국과 의미 있는 관계를 창출해낼 수 있었던 것이다. 특히 흑룡강으로 남하하는 러시아 세력과의 전투 경험도 있었던 조선으로선 영국과 공감대를 형성할 소재도 있었다는 점에서 아쉽다.◆

이처럼 영국 해군의 거문도 점령은 한국 근대사에서 가장 중요한 분수령 내지 국운의 기로라고 볼 수 있는 사건이었다.

◆ 조선 효종 때 흑룡강 방면으로 남하하는 러시아 군대에 대항해 조선과 청나라 연합군이 벌인 전투를 '나선 정벌'이라고 하는데, 조선에선 총포수 200여 명이 참전해 크게 활약했다.

조선 지배층의 무지가 날린 기회

조선 조정은 신미양요에서 마주한 미국과 거문도 사건에서 마주한 영국을 다루는 데 있어 지극히 경직적이고 폐쇄적인 사고방식으로 일관했다. 조선이 미국과 영국의 비호 아래 청나라의 굴레에서 벗어나 국제적으로 발전해 나가며 독립국 지위를 유지할 수 있는 기회를 스스로 차버렸다.

조선 조정은 왜 현명하고 열린 대처를 하지 못했을까? 국방과 무역을 중국에 의존하는 번국의 지위를 스스로 받아들이고 그 안에 안주하고 있었기 때문이다.

인조반정 세력은 병자호란이 끝난 후 전란의 책임을 희석하고 자신들의 지위를 확고히 하고자 소중화론을 앞세웠다. 대륙에서 사라진 한족 국가 명나라의 명맥을 조선이 잇는다는 해괴한 발상을 한 것이다.

조선은 내내 청나라 연호를 쓰지 않았다. 청나라로 보내는 외교문서에만 청나라 연호를 썼다.❖ 그러다 보니 청나라와의 관계도 왜곡되고 청나라의 발달된 문물을 수입하는 것도 불경한 일이

❖ 연암 박지원의 『열하일기』가 조선 식자층에서 불온 서적으로 취급받았고 박지원을 사문난적으로 비난하는 경우도 있었다. 『열하일기』가 명나라 연호 숭정(명나라의 마지막 황제가 숭정제라서 조선에선 '숭정 00년' 식으로 연도를 표시하는 게 관행)을 쓰지 않고 '전란이 끝난 후 00년' 식으로 연도를 표기한 게 이유였다.

되어 해금정책으로 이미 중국 이외의 창구가 막혀 있던 조선은 바깥세상의 발전과 동떨어진 외딴 섬으로 고립되는 결과를 낳았다.

명나라를 숭배하는 소중화론을 신봉하고 실천하면서도 청나라가 아편전쟁에서 패배한 이후에도 청나라에 반기를 들지 않고 오히려 청나라에 의존하는 모습을 보인 것도 설명하기 어려운 대목이다.

아마도 청나라 조정에서 활약하는 이홍장과 같은 한족 관료를 명나라와 동일시하는 오류와 착각이 있었을 것으로 추측할수 있으나 그래도 이해가 쉽지 않다. 소중화론이 조선 지배층의 뿌리 깊은 소신이 아니라 인조반정 세력이 자신들을 합리화하는 도구에 불과했다고 봐야 맞을 것 같다.

다른 한편, 16세기부터 네덜란드를 통해 유럽과 교역하며 유럽의 산업기술과 문화를 이해하고 있던 일본 막부는 나름 국제사회와 서구 열강의 움직임을 파악하려는 노력을 지속하고 있었다. 페리 제독의 증기선을 마주했을 때 증기선이 함유하는 산업기술의 의미를 알아차렸다.

일본 막부는 미국의 산업기술이 유럽을 앞선다는 인식을 갖고 미국에 적극적으로 다가간 반면, 조선 초 세종 시대의 산업기술조차 온전히 계승하지 못하고 답보 상태에 있었던 조선의 지배층*은 강화도 앞바다에 출현한 미국 해군 함대 증기선이 갖는 산업기술의 의미를 이해할 수 없었다. 이양선, 즉 모습이 다른 배는 기술 평가의 대상이 아니라 선악 판단의 대상일 뿐이었다.

청나라와의 조공외교 이외에는 국제사회와 연결고리가 없었던 조선은 국제 정세를 파악하지 못하고 있었기에 영국이 국제사회에서 갖고 있는 절대적 지위에 대한 인식이 없어서 영국에 적극적으로 다가갈 기회를 잡을 수 없었다. 아무런 도전 없이 대대로 부와 권력을 누리던 인조반정 세력의 자손들은 나라 밖에서 무슨 일이 일어나는지 관심을 가질 이유도 자극도 없었다.

조선 후기 실학자, 개화론자, 청나라를 배우자는 북학파가 대부분 서자 출신이거나, 중인 계급 출신이거나, 주류 세력에서 제외된 양반이었던 사실에 주목할 필요가 있다.

아관파천이 부른 국제적 고립

한성에 주둔하고 있던 일본군, 일본공사관 직원, 일본의 낭인들에 의해 대한제국의 황후가 시해된 세계사에 유례를 찾기 어려운 만행, 을미사변(1895년 10월 8일)이 일어났다. 청일전쟁으로 청

◆ 자세한 내용은 '5장 성리학 질서에 매몰된 일류 과학기술' 참조.

나라를 밀어낸 일본 제국주의자들이 일본의 향후 행보에 걸림돌이라고 여긴 민비를 제거했던 것이다.

을미사변 후 친일 내각이 들어서 일본의 핍박이 거세지자 고종 황제는 이듬해 1896년 2월에 러시아 공사관으로 피신했는데 곧 아관파천이다.◆

고종은 일본에 대항하기 위한 고육지책으로 러시아 공사관으로 피신했지만 당시의 국제 정세를 보면 번지수가 틀려도 한참 틀린 잘못된 선택이었다. 러시아는 당시 대세를 장악하고 있던 영국이 적대시하는 국가였기 때문이다.

그렇지 않아도 1885년에 러시아의 남진을 경계해 거문도를 점령한 적이 있는 영국의 입장에서 보면 조선이 러시아로 접근하는 게 커다란 걱정거리가 아닐 수 없었고 영국과 공조하는 미국의 입장에서도 우려할 수밖에 없는 상황을 조선 스스로 연출한 것이다.

청일전쟁을 통해 청나라의 종주권을 박탈하는 데 성공한 일본으로선 버거운 상대인 러시아에 대한 대책을 세워야 하는 입장이 되었는데, 아관파천은 일본이 필요로 하는 스토리를 일본에게 유리하게 전개할 수 있는 기막힌 소재였다.

◆ 러시아를 아라사(俄羅斯)로 칭해서 러시아 공관을 아관으로 표기한 것이다. 나선(羅禪)으로 부르기도 했는데 Russian을 음역한 것이다.

즉 러시아의 조선에 대한 야욕을 부각해 조선과 만주를 두고 일본과 대립하고 있는 러시아에 대한 영국과 미국, 다른 유럽 국가들의 경계심을 높여 다가오는 러시아와의 일전에서 일본의 우군을 확보할 수 있었다.

실제로 일본은 러일전쟁을 치르는 과정에서 미국계 자본의 도움으로 확보한 전쟁 자금으로 영국의 최신식 전함과 대포를 구입해 승리할 수 있었다.◆

또한 다른 한편으로, 러시아에 다가가는 조선의 어리석음을 지적하면서 조선을 독립국으로 둘 게 아니라 일본의 일부로 관리하는 편이 조선과 러시아가 가까이 가는 걸 막는 유효한 방안이라는 사실을 영국과 영국의 동맹국들에게 이해시킬 수 있었다.

아관파천으로 친일파 내각이 물러나고 일본이 궁지에 몰리는 듯 보였지만 일본은 2보 전진을 위한 1보 후퇴의 수순을 밟고 있었다고 볼 수 있다.

아관파천을 주도한 친러파 이완용은 후에 대표적인 친일파가 되는데 아관파천이 결과적으로 국제사회에서 일본의 입장을 유리하게 만들었다는 점에서 그 행적은 연구 대상이 아닐 수 없다.

◆ 일본의 전쟁 국채는 인기가 없었지만 미국의 은행가 제이콥 헨리 쉬프의 주도로 시장에서 소화했다. 쓰시마해전에서 일본 해군의 기함이었던 전함 미카사는 영국의 비커스(Vickers) 조선소에서 건조했다.

이완용은 처음부터 일본을 위해 활약한 친일파일 가능성은 없는가? 을미사변, 아관파천은 서로 연계된 일련의 과정으로서 친일파가 기획하고 주도한 고도의 전략일 가능성은 없는가? 일본 제국주의자들이 정한론을 실행에 옮기고자 정교하게 기획하고 친일파를 하수인으로 동원한 신의 한 수였을까?

그러나 모든 잘못은 국제 정세와 국제 역학관계, 한반도를 둘러싼 긴장 관계의 본질을 정확하게 꿰뚫지 못한 조선 지배층, 그 중에서도 특히 고종의 무능함에 있었다. 영국의 국제적 위상, 영국과 러시아 사이에서 벌어지고 있는 그레이트 게임에 관한 지식을 조금만 갖추고 있기만 하면 러시아 공관으로 가는 길이 망국의 길임을 쉽게 알 수 있었을 텐데 너무나도 아쉽다.

언제까지 아관파천을 일본의 마수를 뿌리치기 위한 고종의 용단으로 치부할 것인가?◆ 사건의 본질을 간과한 채, 아관파천 때 고종이 이용한 통로가 임금의 봄 나들이 길이나 되는 양 관광코스로 만들어 놓고 선전하는 한편 당시 활약했던 러시아 청년 건축가를 영웅처럼 설명하며 그의 작품 세계를 설명하는 TV 프로그램을 보면 안타깝기 그지없다.

◆ 아관파천 후 고종은 대한제국을 선포하고 중립국의 길을 걷고자 했으나, 이미 실기한 이후여서 서구 열강들의 지지를 이끌어내지 못했고 영국과 미국을 등에 업은 일본과 러시아 간의 한판 승부의 승자에게 전리품이 될 운명을 피할 수 없게 되었다.

구한말 헛손질이 주는 교훈

19세기 후반 조선을 포함한 동아시아가 처했던 국제적 환경을 이해하고 동아시아로 관심을 돌리는 서방 세계의 압력에 동아시아 각국이 어떻게 대처했는지를 살펴보면 국가 대전략*의 품질이 국가의 운명을 좌우한다는 교훈을 다시금 깨달을 수 있다.

경쟁이 없는 사회, 승자가 정해져 있는 사회는 발전하기 어렵다. 바깥세상과 단절되어 있는 폐쇄된 사회도 발전하기 어렵다. 인재 양성이 불가능하기 때문이다.

예나 지금이나 국가의 운명은 지배층의 지적 능력에 달려있다. 구한말에 지적 능력을 갖춘 위대한 지도자가 나타났더라면 조선이 일본의 식민지가 되는 수모는 겪지 않았을지 모른다.

조선은 위대한 지도자가 탄생할 수 있는 인프라가 구축되어 있지 않았다. 완고한 계급 사회에서 양반 중에서도 일부에게만 사회 진출을 허용했기에 폭넓은 인재 양성이 될 수 없었다. 소수 핵심 지배층이 관직을 독점함에 따라 정책 관료의 정책 역량을 키우기 어려웠다. 잘하든 못하든 그들만의 리그를 통해 주요 관직을 세습화해 독차지했기 때문이다.

◆ 국가 대전략은 국가의 흥망에 영향을 미칠 정도로 중대한 외교, 안보 정책 수단의 선택 조합을 의미한다.

게다가 해금정책으로 무역 활동이 없다 보니 바깥세상에 관한 정보가 전혀 없어 상황 변화에 제대로 대응하기 어려웠다. 경쟁이 없고 승자가 언제나 승자인 국가, 바깥세상과 단절된 폐쇄 국가는 결국 역량 부족으로 변화하는 환경에 적응하지 못하고 소멸할 수밖에 없다.

기업도 마찬가지다. 젊었을 때 기업 오너의 측근이었다고 죽을 때까지 그 역할을 하는 기업이 있다면 결국 집단 사고의 오류에 빠져 그들만의 리그로 전락해 쇠망의 길을 가기 쉽다.

기회는 언제나 널리 열려 있어야 하고 평가는 언제나 객관적이어야 한다. 그래야 조직의 인적 역량이 극대화되고 변화하는 환경에 적응하며 생존하는 계속기업(Going Concern)의 길이 보장될 것이다.

12장

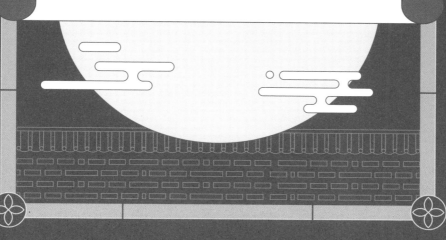

군주의 배신으로
방관자에서 희생양이 된 조선

멀리는 임오군란에서 비롯되었다고 할 수 있는 청일전쟁이 일본의 승리로 끝나 조선에 대한 청나라의 종주권이 사라졌다. 일본은 청나라를 격파함으로써 동아시아의 맹주가 되었고 국제사회에 군사 강국으로 등장하는 계기를 마련했다.

청일전쟁 이후 조선은 사실상 일본의 손아귀에 들어간 것이나 마찬가지였지만 일본에게 남은 커다란 과제는 한반도에 관심이 있는 러시아를 물리치는 것이었다. 러시아는 일본이 청일전쟁 배상금으로 요동 반도를 할양받으려 하자 프랑스와 독일을 끌어들여 일본을 위협해 포기하게 만든 적(삼국간섭)이 있어 일본으로선 반드시 넘어서야 할 장애물이었다.

일본은 러시아를 물리치기 위한 준비 작업으로 1902년 제1차 영일동맹을 이끌어냈다. 영일동맹은 러일전쟁을 수행하는 데 중요한 역할을 했다. 영국에서 건조한 최신식 전함과 대포를 앞세워 러시아 발틱 함대를 궤멸시키며 전쟁의 승기를 잡았다.

프랑스와 독일이 중립적 입장을 취하며 유럽의 강국들이 모두 러시아에게 등을 돌린 모양새가 되었기에, 발틱 함대는 수에즈운하를 통과하지 못하고 멀리 아프리카 남단을 돌아서 왔을 뿐만 아니라 중간 기착지에서 선박을 보수하고 식량이나 연료인 석탄을 확보하는 데도 어려움을 겪어 쓰시마해전에서 전투 역량을 제대로 발휘하지 못했다.

러일전쟁에서 승리한 일본은 러시아로부터 한 푼의 배상금도 받지 못했지만 조선과 만주를 얻어 오랜 숙원을 이룰 수 있었다. 청일전쟁 이전부터 러일전쟁 이후까지 일어난 사건의 내용과 사건 사이의 상호 연관 관계를 정리해 보면 일본 제국주의자들의 치밀한 계획을 알 수 있고 조선 지배층의 거듭되는 실책을 파악할 수 있다.

역사를 사건별로 보지 않고 사건끼리의 연계성을 파악해야 역사를 보다 논리적으로 바라볼 수 있고 인과관계의 파악도 쉬워진다. 일본이 정한론을 실행에 옮기기 위해 조선에 한 걸음씩 다가가는 모습은 경멸의 대상이 아니라 학습의 대상이다.

조선이 무너져 내리는 모습은 통렬한 반성의 대상이어야 하며 억지 미화의 대상이 아니다. 억지 미화는 역사 모독이며 범죄에 준하는 행위다.

조선의 붕괴는 임오군란에서 시작되어 을사늑약으로 마침표를 찍는다. 임오군란부터 을사늑약까지의 23년간 한반도를 둘러싸고 일어난 일련의 사건들을 분석해 조선, 일본, 청나라, 러시아, 미국이 국제 정세에 대응하는 방식과 사건들 간의 상호관계를 분석하는 건 의미 있는 작업이다.

이 작업을 통해 조선의 붕괴를 가져온 요인들을 추출해내고 책임 소재와 교훈을 도출하면 역사를 마주하지 않고 미화하려는 태도가 얼마나 위험한지 알게 될 것이다.

역사를 제대로 가르치지 않으면 자라나는 세대의 논리적 사고력과 판단력을 흐리게 해 그들이 지도자가 되어 동일한 상황에 처하게 될 때 실패의 역사가 반복될 것이다.

임오군란: 청나라의 직할 속령이 되다

1882년 부당한 대우에 불만을 품은 구식 군대의 장병들이 반란을 일으키고 대원군이 다시 전면에 등장하는데, 임오군란이다. 임오군란은 한계에 다다른 조선왕조의 모습을 잘 보여준 사건이다. 국방은 국가 존속을 위한 기둥인데 국방을 책임지는 군인의 급여를 제대로 챙기지 못한다는 건 경제가 궁핍해 국가 재정이 흔들려 생긴 현상이든 부정부패로 인한 현상이든 국가가 막장에 이르렀다는 결정적 증거인 것이다.

임오군란은 한계점에 이른 조선이 붕괴의 과정으로 들어선 출발점이 되는 사건으로 임오군란이 일어나고 민비가 피난을 가자 고종은 청나라에 원병을 요청했다. 임오군란은 분명히 조선 내부의 갈등임에도 불구하고 청나라에 기대 대원군과 그 추종자들을 제거하고자 한 것이다.

고종과 민씨 일파의 잘못된 원병 요청은 결국 조선의 숨통을 옥죄게 된다. 조선 조정의 원병 요청은 그렇지 않아도 인도차이나 반도를 프랑스에게 내주면서 국제사회에서 종주국 지위를 인정받지 못한 청나라에겐 더없이 반가운 소식이었다. 이 기회에 국제사회로부터 조선에 대한 권리를 확고히 하고자 한 청나라는 즉시 오장경이 이끄는 청군 3천 명을 한성에 진주시킨 후 대원군을 붙잡아 천진으로 보내버렸다.

민비가 환궁하며 다시 민씨 일파가 권력을 되찾지만 조선왕조의 권위는 날개 없이 추락하고 만다. 청나라는 청군 파병을 계기로 조선을 중국의 일부로 만들겠다는 의도를 숨기지 않았다.◆ 조선은 청나라의 제후국에서 직할 속령으로 전락하게 된 것이다.

◆ 프랑스가 인도차이나 반도에 진출하면서 청나라와 갈등을 빚었을 때 베트남에 대한 청나라의 종주권을 국제사회에서 인정하지 않은 현실에 대한 반작용인데, 조선 지배층이 국제사회의 움직임을 제대로 파악하지 못했기에 울고 싶은 아이 뺨 때려준 격이 되었다.

임오군란이 진압되고 나서 조선과 청나라는 조청상민수륙무역장정을 체결했다. 지극히 불평등한 내용으로 청나라 상인들이 조선 내륙에도 진출할 수 있는 길이 열렸고 치외법권을 인정받았다. 게다가 조선의 왕과 청나라의 북양대신을 동급으로 규정했고 청나라 군대가 조선에 주둔하게 되었다.

1884년 일본의 지원에 기댄 개화파 김옥균 등이 주도한 갑신정변이 일어나고 민씨 일파가 또 곤경에 처했지만 임오군란을 계기로 조선에 주둔하고 있던 청나라 군대의 도움으로 갑신정변이 진압되었다. 이듬해 1885년 청나라 북양대신 이홍장은 조선 주둔 청군의 20대 청년 장교 위안스카이를 조선 총독 격인 감국으로 임명하고 조선의 내정과 외교를 장악했다.◆

1885년 영국 해군이 2년 가까이 여수 앞바다의 거문도를 점령하고 해군기지(Port Hamilton)로 만들었을 때 조선은 아무런 조치를 취하지 못하면서 당시 국제사회의 리더인 영국과 가까워질 수 있는 기회를 날렸다.

◆ 청나라는 전신국과 세관을 세우면서 조선의 통신망과 관세선을 독립적으로 인정하지 않고 청나라 통신망과 관세선의 일부로 규정하는 만행을 저질렀다. 또한 미국 등 서양 국가들과의 외교 활동을 감시했다. 미국에 공사를 파견하지 못하게 하다가 미국이 항의하자 영약 3단 준수를 조건으로 공사 파견을 허용했는데, 영약 3단은 '①청국공사에 부임 인사할 것 ②청국공사 아랫자리에 앉을 것 ③업무는 청국공사와 협의해 수행할 것'이라는 터무니없는 내용이었다. 자세한 내용은 『감국대신 위안스카이』 참조.

갑신정변과 톈진조약

임오군란이 일어났을 때 거류민 보호를 이유로 소규모의 일본군이 파병되어 공사관 경비 병력으로 남았다. 임오군란 이후 청군이 조선에 주둔하고 있는 상태에서 갑신정변이 일어나면서 김옥균 일파를 지원하는 일본군과 청군 사이에 전투가 발발하고 다수의 사상자가 발생하자 1885년 일본의 요청으로 톈진조약이 체결되었다. 톈진조약의 내용은 아래와 같다.

1) 청과 일본은 조선 반도에서 즉시 철수를 시작해 4개월 안에 완료한다.
2) 청일 양국은 조선에 군사 고문을 파견하지 않는다. 조선은 청일 양국이 아닌 제3국에서 한 명 이상 수명의 군인을 초치한다.
3) 장래 조선에 출병할 경우 상호 통지한다. 파병이 불가피한 경우에도 속히 철수시켜 주둔하지 않는다.

세 번째 조항의 상호 통지[行文知照]와 관련해 청나라는 상호 통지하되 파병의 최종결정권은 청나라 황제에게 있다고 이해하고 있었지만 일본은 상호 통지, 나아가 상호 파병으로 이해하고 있었다. 청나라는 중화사상에 젖어 일본도 청나라의 속방으로 간주하고 있었다는 것인데 정한론을 실천에 옮기려는 일본이 이런 해석에 순순히 동조하길 기대하긴 어려웠다. 세 번째 조항은 결국 후일 청일전쟁이 일어나는 도화선으로 작용한다.

동학농민혁명과 청나라 원병 요청: 일본군의 초청장

1894년 동학농민혁명이 일어나고 전주 감영이 동학군에게 함락되자 조선 조정은 청나라에 원병을 요청한다. 이 요청은 두 가지 측면에서 문제가 있는 잘못된 의사결정이었다.

첫째, 아편전쟁 이후 청나라의 국제적 영향력이 급속하게 축소되는 상황에서 홀로서기를 시도해야 함에도 불구하고 거꾸로 청에 더욱 예속되는 길로 갔다는 것이다.

소중화론을 신봉하며 반청 사상에 젖어 있던 조선 지배층 사대부들의 인식과 실제 행동이 전혀 반대로 간 게 이해하기 어려운 부분이다.

둘째, 군사력을 급속히 증강하며 호시탐탐 조선을 노리고 있는 일본에게 청나라와 전쟁을 벌일 수 있는 좋은 구실을 줬다는 것이다. 다시 말해 조선을 노리는 일본에게 조선 스스로 판을 깔아준 꼴이 되었다.

조선 조정 내부에서 김병시 같은 고위관료가 텐진조약을 들어 청군 파병이 일본군의 한반도 진입 기회가 될 것이므로 파병 요청이 불가하다고 제동을 걸었지만, 곤경에 처한 민씨 일족은 다른 탈출구가 없었고 아무런 지도력을 발휘하지 못한 고종이 민씨 일족에게 끌려 다니면서 천추의 한을 남기는 엉터리 결정을 하고 만다.

일본군이 오기도 전에 청나라 군대가 동학군을 제압하고 상황이 종료될 거라는 낙관론도 한몫했다. 그러나 일본은 그렇게 호락호락하지 않았다.

전주 감영이 동학군에게 함락되어 조선이 청나라에 파병 요청을 하자, 5일 후 1894년 6월 6일에 아산만으로 청나라 군대가 상륙하면서 톈진조약 제3조에 의거해 당일 바로 일본에 파병 사실이 통지되었다. 조선 조정의 예상과 달리 일본군은 통지를 받은 지 불과 이틀 후인 6월 8일 제물포에 상륙한다. 조선 출병을 위해 출동 대기 상태에 있었던 것이다.

조선과 청나라가 일본에 항의했지만 일본의 의도는 확실했다. 청군은 전주에서 가까운 아산에 상륙했지만 일본군은 수도 한성의 관문인 제물포로 상륙해 제물포를 확보했다.

청일전쟁이 일어나자 청군이 제물포를 사용하지 못해 병력과 물자를 조선에 보내는 데 애먹은 사실에 입각해 판단하면 일본은 이미 이 기회에 청나라와의 일전을 작정하고 있었던 것이다.

일본군과 청군이 파병되자 동학군 지도부는 깜짝 놀랐고 6월 11일에 조선 조정과 화의를 맺은 후 해산한다. 조선과 청나라는 일본에 동시 철병을 요구했다.

　그러나 일본은 오히려 지상 병력을 증파하고 대규모 해군 함대를 보내 제물포를 봉쇄하는 한편 7월 23일에는 경복궁을 무력으로 점령하고 친일 내각을 출범시켰다.

　경복궁을 점령하는 과정에서 고종은 잘 싸우고 있는 경복궁 수비대에게 무기를 버리고 저항을 중단하라는 명령을 내렸다.[*]

　경복궁 수비대도 서양식 대포와 기관총으로 무장하고 있어서 만만치 않은 전투력을 갖추고 있었지만 고종에 의해 무장해제를 당하고 신식 무기를 일본군에게 압수당하는 결과를 낳은 것이다.

　친일 내각이 청나라와의 모든 조약을 파기하고 일본군이 청나라 군대를 조선에서 몰아내도록 허가함으로써 청일전쟁이 발발했다. 청일전쟁은 결국 친일 내각이 일본의 앞잡이가 되어 일본의 정한론을 실현하는 데 걸림돌이 되는 청나라의 종주권을 제거하려는 과정에서 일어난 전쟁이다.

　청나라 군대는 친청 수구파가 가문 보존을 위해 불러들였지만 일본군에게 초청장을 보낸 결과가 되었고, 일본은 친일 개혁파의

◆ 일본군의 포로가 된 고종의 명령을 신하들이 위조했다는 시각이 있지만, 이후 고종의 행보를 볼 때 고종이 결전의 확고한 의지를 가졌다고 보기 어렵기 때문에 고종 스스로 내린 명령이라고 봐도 틀림없어 보인다. 만약 고종이 죽음을 무릅쓰고 끝까지 버텼으면 일본의 국제적 입지가 어려워지고 일본군이 경복궁에서 철수할 수밖에 없는 상황으로 몰릴 수 있었지만 고종에게서 그러한 기개를 기대하긴 어려웠다.

순진함을 이용해 청나라의 종주권을 제거하고 조선을 삼킬 수 있는 기회를 현실화해 나가는 데 있어 첫 번째 관문을 통과할 수 있었다.

시모노세키조약과 삼국간섭

청일전쟁이 일본의 승리로 끝나고 전쟁배상금 처리를 위해 시모노세키조약이 체결되었다. 일본은 대만과 팽호 제도, 요동 반도를 할양받았고 청나라는 조선에 대한 종주권을 포기했다. 모든 게 일본에게 유리하게 돌아가려던 차 한 가지 걸림돌이 생겼다.

러시아가 독일과 프랑스를 끌어들여 일본에게 요동 반도를 포기하라고 압력을 넣은 것이다. 부동항을 얻고자 남만주와 조선에 관심이 있었던 러시아로선 요동 반도가 일본에 넘어가는 게 향후 행보에 지장을 줄 거라고 판단한 것이다.

일본의 국력으로 세 나라에 저항하는 건 불가능하므로 일본은 추가로 전쟁배상금을 받기로 하고 요동 반도를 청나라에게 돌려줬다. 삼국간섭은 일본이 조선을 취하는 데 있어 아직 갈 길이 멀다는 현실을 인식하는 계기가 되었으며, 러시아의 간섭 요청을 거절한 영국과 미국에게 일본이 적극적으로 다가가는 시발점으로 작용했다.

영국은 러시아의 남진을 저지하는 그레이트 게임에서 일본이 이용할 가치가 있다고 판단했으며, 크게 봐서 영국과 외교의 궤를 같이하는 미국은 고립주의 노선을 내세우며 러시아의 요청을 물리쳤다.

열강들이 러시아를 고립시켰지만 조선은 이해할 수 없는 행보를 보였다. 1895년 을미사변으로 민비가 시해되자 고종이 러시아 공사관으로 피신(아관파천)해 몸을 의탁한 것이다.

아관파천은 조선이 러시아와 가깝다는 인식을 서구 열강들에 심어줌으로써 조선이 영국을 비롯한 서양 열강들의 경계 대상이 되는 결과를 낳았다. 국제 감각이 없었던 고종의 실수로 조선의 국제적 입지가 더욱 좁아지면서 조선을 일본의 관리 하에 둬야 한다는 주장이 힘을 받게 된 것이다.

러시아의 국제적 고립: 1902년 제1차 영일동맹

영국은 16세기에 세계적인 은 생산국으로 떠오른 일본과의 교역에 관심을 가졌으나 인도 등 식민지 개척에 관심을 집중하면서 포르투갈과 네덜란드에게 밀려났던 경험이 있다. 영국과 일본이 다시 만난 건 19세기 중반 그레이트 게임의 전개가 태평양으로 확대되면서다.

러시아는 태평양 진출을 위해 일본에 접근했고 영국은 러시아의 영토 야심에 관해 일본에게 경고하는 입장이었다. 일본에 러시아를 멀리하도록 권고하고자 나가사키에 입항한 제임스 스털링 제독을 만난 나가사키 봉행(미국 페리 제독과의 협상을 담당한 관직) 미즈노 다다노리는 아편전쟁으로 현실화된 영국의 위협을 차단하기 위해 영국과 화친조약을 맺고자 했고, 스털링도 러시아를 견제하기 위해 일본에 기지를 둘 필요가 있어 거절할 이유가 없었다. 1854년 10월에 영일화친조약을 맺었고 막부는 시모다와 하코다테를 영국에 개항했다.

두 나라는 1858년 영일수호통상조약을 맺어 에도에 영국대표부를 설치하고 영국인의 에도 거주를 허용했다. 1863년에는 조슈번에서 영국 유니버시티 칼리지에 다섯 명의 유학생을 보냈으며 1871년에는 영국의 근대문물을 배우기 위해 이와쿠라 사절단이 영국을 방문했다.❖

제1차 영일동맹(1902년 1월)은 이렇게 두 나라가 쌓아 올린 관계를 토대로 러시아 군대의 만주 진출이 직접적인 동인이 되어 맺어졌는데, 러일전쟁을 수행하는 데 있어 큰 도움이 되었고 조

❖ 이와쿠라 사절단은 1871년 요코하마를 떠날 때 107명이었는데 관료 마흔여섯 명(장관급 세 명)과 수행원 열여덟 명, 유학생 마흔세 명(여성 다섯 명)으로 구성되어 있었다. 영국의 유력 일간지 <더 타임즈(The Times)>가 1872년 9월 5일자 사설에서 이와쿠라 사절단을 언급할 정도로 영국인의 관심을 끌었다.

선에서의 일본의 이익을 영국이 공식적으로 인정한 국제조약이었다.

제1차 영일동맹은 영국 국민에겐 환영받지 못했지만 일본은 축제 분위기였다고 한다. 일본이 영국에 다가가기 위해 많은 노력을 기울였다는 방증이다.

영일동맹이 이뤄지면서 독일 문제로 영국과 가까이 지내던 프랑스가 일본으로 기울었고 독일도 적극적으로 러시아 편에 서기 어렵게 되었으며 미국은 쭉 영국 편에 서 있었기에 러시아가 국제적으로 고립되는 결과를 초래했다.

영일동맹을 맺은 후 일본은 영국과 미국의 협조를 받아 군비를 확충하면서 러시아와의 전쟁을 준비했다. 미국에서 발행한 전쟁 국채로 조달한 자금으로 영국에서 최신식 전함을 건조하고 성능 좋은 대포를 구입해 전투력을 끌어 올렸다.

사실상 일본의 속국이 되다: 1904년 한일의정서

1904년 2월 일본 해군이 인천항에 있던 러시아 함대를 기습 격멸하며 러일전쟁이 시작되었다. 인천해전이 끝나자 대기하고 있던 일본 육군이 제물포에 상륙했고 경복궁을 포위해 조선 조정을 위협하면서 한일의정서를 체결했다.

한일의정서의 내용을 보면, 조선이 시정의 개선에 관한 일본의 충고를 따르도록 했고 일본이 군사전략적 필요에 따라 조선의 국토를 임의로 수용할 수 있도록 규정한 것이어서 사실상 일본에 주권을 내어준 것이나 다름없는 항복 문서였다.

을사늑약과 한일합병은 국제적으로 한일관계를 인정받으려는 국제법상 요식 행위였고 사실상 한일의정서에 의해 조선의 국권은 일본에 탈취되었던 것이다.

한일의정서에 의해 일본은 용산 300만 평, 평양 393만 평, 의주 282만 평 합계 975만 평을 일화 20만 원, 평당 2전의 헐값으로 수용하는 계획을 추진했다. 조선 백성의 저항에 부딪혀 실제 수용 규모가 축소되었지만 결국 수용된 토지는 러일전쟁 수행을 위한 군사기지로 사용되었다.

임오군란 후 맺은 조청상민수륙무역장정과 위안스카이의 등장으로 조선은 청나라의 직할 속령이 되었지만 무제한의 토지수용권이 부여되진 않아 최소한 영토 주권은 존중받았던 것에 비하면, 한일의정서는 조선의 영토 주권을 송두리째 부정한 악성 조약이었던 것이다.

우리 국사 교실에선 일본의 조선 침탈 과정을 설명하는 데 있어 러일전쟁 전후의 일본의 국제적 움직임을 보다 자세하게 다뤄야 하고 한일의정서의 내용과 역사적 비중도 더 강조되어야 마땅하다고 생각한다.

그래야 조선왕조가 붕괴되는 과정을 보다 정확하게 이해하고 전후 인과관계와 책임 소재를 정확하게 알 수 있기 때문이다.

루스벨트의 편견: 1905년 가쓰라-태프트 밀약

필리핀, 괌, 사이판, 하와이 등 아시아 태평양 지역에 관심이 있는 미국은 러시아를 견제하고자 일본의 전쟁 국채를 구입해줬다.

하지만 러시아에 이기고 있는 일본을 보며 아시아 태평양 지역의 이익을 지키기 위해 군사 강국으로 떠오른 일본과 더 가까이 지내는 동시에 경계할 필요를 느꼈다.

1905년 7월 29일 동경에서 일본과 가쓰라-태프트 밀약을 맺는다. 시어도어 루스벨트 대통령은 포츠머스조약이 체결되기 직전 전쟁장관 윌리엄 하워드 태프트를 단장으로 하는 대규모 사절단을 일본에 보냈다.

다수의 국회의원과 장군들이 함께했는데 특기할 건 대통령 영애인 앨리스 루스벨트와 그녀의 약혼남이 포함되어 있었다는 것이다. 태프트 장관 일행은 일본에서 화려한 파티를 주재하고 태프트 장관과 가쓰라 다로 일본 수상 간에 밀약을 맺었다. 루스벨트 대통령의 지시에 따라 맺어진 밀약은 '일본이 조선을 차지하고 미국은 필리핀을 차지한다'라는 내용이었다.

밀약을 맺은 이유는 조선의 식민지화를 명문으로 보장하는 대신 필리핀을 비롯한 아시아 태평양 지역에서의 미국의 이익을 존중하라는 압력을 행사한 거라고 볼 수 있다.

루스벨트는 평소 조선을 일본에 넘겨줘야 한다는 소신을 갖고 있었다고 하는데, 러일전쟁이 일본에게 유리하게 전개되는 걸 보고 속된 말로 선수를 친 거라고 볼 수 있다.

러일전쟁이 끝나면 조선이 일본에 넘어갈 것이니 일본의 조선에서의 권리를 인정해주면서 아시아 태평양에서의 미국의 이익을 존중하라고 미리 압력을 넣은 것이다.

포츠머스조약이 1905년 8월 10일에 개시되어 동년 9월 5일에 종결된 걸 보면 아마도 일본이 미국 사절단 단장인 태프트 장관에게 강화를 중재해 달라는 요청을 했을 가능성이 있거나 반대로 미국이 일본에게 중재 역할을 맡겠다고 제의했을 수도 있다. 일본의 전쟁 국채를 매입한 미국 입장에선 일본이 이기고 있을 때 일본에게 유리한 방향으로 강화가 성립되는 게 자국의 이익에 부합된다고 판단했을 수 있다.

어쨌든 가쓰라-태프트 밀약을 맺은 미국이 러시아와 일본의 강화를 중재하는 입장이 되었으니 포츠머스조약이 조선의 운명을 어디로 끌고 갈 건지는 명약관화했다.

조선, 식민지가 되다: 1905년 포츠머스조약

일본이 지리한 공방전 끝에 여순항을 점령하고 봉천에서 러시아 군을 물리친 후 쓰시마해전에서 러시아의 발틱 함대를 완파하는 기염을 토했지만, 일본의 군사력이 바닥을 보이기 시작했기에 전쟁을 더 이상 수행하긴 어려웠다.

러시아 입장에서도 전쟁을 끌고 가는 게 정치적으로 부담되는 상황이었으며 유럽의 열강들도 일본의 지나친 팽창을 경계하기 시작했다.

이러한 분위기를 타고 일본과 우호 관계에 있던 미국의 루스벨트 대통령이 강화를 중재함으로써 포츠머스조약이 체결되었고 러일전쟁은 끝이 났다.

러시아는 북위 50도 이남의 남사할린섬을 할양하긴 했지만 한 푼의 배상금도 내지 않아 동경에서 러일전쟁 참전 상이용사들이 폭동을 일으키는 등 소용돌이가 있었다.

하지만 일본으로선 받아들일 수밖에 없는 상황이었고 조선에서의 우선적 권리를 확보하고 남만주에서의 러시아 기득권을 빼앗는 데 만족해야 했다.

포츠머스조약을 중재한 미국도 당연히 일본의 조선에서의 우선적 권리를 인정하는 것이어서 조약의 체결은 한반도를 둘러싸고 대립했던 강국 러시아, 청나라, 영국, 미국이 모두 조선에서의 일본의 우선적 권리를 인정하게 되었다는 사실을 의미했다.

포츠머스조약에는 일본 정부가 조선을 관리, 감독, 보호 조치를 할 수 있다고 규정해 국제법이 인정하는 식민지화의 길을 예정하고 있었다.

한일의정서에 의해 조선 왕이 이미 일본의 식민지가 되라는 일본의 강요에 굴복하고 있는 상황이었기에 조선이 일본의 식민지가 되는 건 시간 문제였고 국제법상의 요식 행위만 남은 상황이었다. 포츠머스조약이 체결된 지 2개월 후인 1905년 11월 17일 조선을 일본의 보호령으로 하는 을사늑약이 체결되었다.

앨리스, 비극인가 희극인가

태프트 사절단에서 독신인 태프트 장관의 '파티 호스티스(Party Hostess)'라는 공식 직함으로 활동한 대통령 영애 앨리스는 여행 일정과 관련해 엉뚱한 고집을 피웠다. 공식 방문 일정에 포함되지 않은 조선에 꼭 가보고 싶다고 우긴 것이다. 그래서 태프트 장관은 앨리스와 앨리스의 약혼남인 니콜라스 롱워스 하원의원만 조선을 방문하도록 했다.

1905년 9월 20일 무렵 3박 4일 일정으로 조선에 온 앨리스는 왕릉에 있는 석상에 올라타고 기념사진을 찍는 등 천진난만한 행동으로 조선 신민을 당혹하게 만들었고 장안의 큰 관심을 끌었다.

고종과 신하들은 미국의 왕이 공주를 조선에 보낸 건 미국이 조선에 우호적이라는 뜻이고 일본의 마수에서 조선을 구해줄 수도 있을지도 모른다는 강한 희망을 갖게 되었다. 이미 동경에서 가쓰라-태프트 밀약이 체결된 사실은 까맣게 모르고 있었기에 그런 희망을 가진 것이다.

한 가지 특이한 건 앨리스의 여정만 물어봐도 앨리스가 일본에 먼저 갔었다는 사실을 알 수 있었을 테고 앨리스도 굳이 일본을 방문한 사실을 숨기지 않았을 텐데 왜 그런 엉뚱한 희망을 갖게 되었는지 이해하기 쉽지 않다.

조선인 중에서도 영어를 유창하게 구사하는 인재들이 있었고 한국말을 유창하게 하는 조선 거주 미국인도 있었는데 앨리스의 여정조차 파악하지 못했다는 건 한 마디로 무능한 탓이었다고 할 수밖에 없다.

게다가 앨리스가 조선에 오기 전인 9월 5일에 이미 포츠머스 조약이 체결되어 조선에서의 일본의 우선적 권리가 국제적으로 인정된 상황이었는데도 조선 조정은 아무것도 파악하지 못했던 것이다.

고종은 앨리스가 떠나자 곧바로 감사사절단을 워싱턴에 급파했지만 루스벨트 대통령이 한사코 접견을 거부했다. 조선은 이미 일본의 것이 되었으니 상대할 이유가 없다는 이유였다.

그야말로 산 넘고 물 건너 먼길을 온 조선 감사사절단이 오갈 곳 없는 상황이 되었을 때 측은하게 여긴 국무장관이 대통령을 설득했다. 아직 일본과 조선 간에 보호조약이 체결되지 않았으므로 조선은 국제법상 독립 주권국가이고 미국과 통상조약을 맺고 있으니 만날 의무가 있다고 말이다.

루스벨트 대통령 앞에 조선 예법대로 큰절을 하고 엎드린 사절단이 조선을 도와달라고 간절하게 호소했지만 루스벨트는 의례적인 얘기만 하고 자리를 물렀다. 이 해프닝을 어떻게 봐야 하는가? 웃기에는 너무나 가슴이 먹먹해지는 장면이 아닐 수 없다.

우물 안 개구리로 바깥 정세를 파악하려는 노력도 없고 피를 흘려서라도 영토와 백성과 주권을 지키겠다는 매서운 의지도 없었던 조선 조정은 조선 백성에게 어떤 존재인가?

앨리스의 조선 방문으로 벌어진 해프닝은 두고두고 되씹어 보며 성찰의 시간을 가져야 한다. 그래야 다시는 유사한 낯 뜨겁고 참담한 일이 반복되지 않는다.

왜 우리 역사 교실에선 앨리스의 조선 방문에 대해 깊이 다루지 않는지 이해하기 어렵다. 조선 말기 조선 지배층의 문제점을 집약해 보여주는 사건이 바로 앨리스의 조선 방문 해프닝인데 말이다.

누가 매국노인가

제1차 세계대전이 끝난 후 미국 우드로 윌슨 대통령의 민족자결주의가 발표되고 국제연맹이 창립되기 전의 세계 질서는 약육강식으로 요약되는 힘의 논리가 지배했다.

을사늑약은 갑자기 튀어나온 게 아니라 청일전쟁과 러일전쟁의 결과물이었다. 한반도를 두고 대립했던 열강 중 최후 승리자인 일본은 영국과 미국의 승인을 받고 아무런 걸림돌 없이 조선을 입맛대로 요리했다.

흔히 을사늑약 체결 당시 경복궁 안에서 누구는 어떻게 행동했고 누구는 어떻게 행동했다는 걸 기준으로 매국노와 충신을 구분하는 경향이 있다. 하지만 정작 중요한 건 왜, 어떻게 그런 지경까지 이르게 되었는지 철저하게 파헤치는 데 있다.

실패의 출발점은 임오군란을 제압하기 위해서, 다시 말하면 고종 자신의 권력 유지와 민씨 일족의 안위를 위해 청군을 불러들인 비열한 행태다.

실패의 정점을 찍은 건 동학농민혁명을 진압하고자 다시 청군을 불러들여 일본군이 경성으로 진출할 구실을 조선 조정 스스로 내준 것이다. 이때도 역시 고종 자신의 권력 유지와 민씨 일족의 안위를 위한 결정이지 나라와 백성의 앞날을 생각한 결정이 아니었다.

청군 파병 요청을 위한 어전회의에서 김병시가 톈진조약에 따라 일본군이 진출할 거라며 반대했다. 민씨 일족은 일본군이 진출하기 전에 해치울 수 있다고 했다는데, 어전회의가 거의 실시간으로 일본공사관에 중계되는 현실과 일본이 한반도에 진출할 병력을 비상대기시켜 놓고 있다는 사실을 모르고 한 얘기였다면 이미 국가를 운영할 자격이 없다고 해도 과언이 아니다.

　　민영준은 청군 파병과 관련해 "청의 속국이 되는 한이 있어도 가문만 번영하면 된다"라는 망언을 서슴지 않았다고 전해진다. 을사늑약을 앞두고 일본공사관에 특별활동비 5만 엔이 할당되었는데, 지급명세서를 보면 고종과 일부 신하들에게 거액이 지급된 것으로 기재되어 있다고 한다.◆

　　일본 측 사료라 100% 신뢰하긴 어렵지만 한일강제병합에 이르러 고종과 순종이 일본 황실의 일원으로 편입되어 왕으로 봉해지고 왕실 운영비가 조선총독부 예산으로 지급되었던 사실과 왕실 종친과 조정의 고위관료들이 일본의 작위를 받고 거액의 합병 하사금을 받았던 사실◆◆에 비춰 보면, 일본공사관 특별활동

◆ 자세한 내용은 『매국노 고종』(박종인, 와이즈맵, 2020) 참고.

◆◆ 일제로부터 작위와 은사금 수여 대상으로 선정된 자들은 왕족 열세 명, 대신 예순세 명으로 모두 일흔여섯 명이다. 이 중 한규설, 유길준을 비롯한 여덟 명은 수작을 거부했다. 왕실 종친으로 후작에 임명된 이해승은 양주에 있는 선조의 묘소에 가서 일본제국의 작위를 받았음을 조상에게 알리는 수작 봉고식을 거행하는 정신 나간 짓을 했다.

비 지급명세서는 사실에 더 부합한다고 봐도 될 것 같다.

흔히 이완용만 매국노의 대표적 시범 케이스로 두들겨 패고 뒤에 숨어있지만, 가장 큰 매국노는 조선 왕실이고 조선 왕실의 고관대작들이 모두 이완용이나 다름없다.

고종은 1894년 경성에 침입해 경복궁을 공격하는 일본군에 대항해 용감하게 잘 싸우던 궁성 수비대에게 저항하지 말고 무기를 버리라고 명령했고 을사년에도 비분강개해 일본군을 공격하던 대한제국 군대의 저항을 막았다.

왜 그랬을까? 본인이 교전 중 사망할 가능성도 두렵고 일본에 심하게 저항해 밉보이면 일본 속국이 된 조선에서 왕 노릇 하기 어려울 거라는 계산 때문이 아니었을까? 고종의 머리에는 나라와 백성은 없었고 자기 자신만 있었다. "이 나라는 내 것이니라"는 그의 말이 그의 모든 행동을 예단하게 한다.

조선의 시작과 끝은 수미일관된 모습을 보인다. 대륙 회복이라는 민족의 염원을 무시하고 위화도회군 쿠데타로 정권을 잡은 후 스스로 명나라의 번방을 자원해 가문의 든든한 뒷배를 확보하더니, 일본이 중국을 누르고 동아시아의 패권을 잡으니 가문의 지속적 번영을 위해 일본의 번방이 되는 일을 부끄러워하지 않고 순순히 받아들인 것이다.

민족과 국가의 자존심에는 관심이 전혀 없었던 기회주의자가 가장 중요한 시기에 엉터리 왕 노릇을 한 게 민족의 비극이었다.

만약 조선의 왕이 국제 정세를 제대로 파악하고 태국의 왕이 했던 것처럼 영국 또는 미국을 끌어들여 러시아, 일본, 중국 사이에서 세력 균형을 이루고 독립 국가를 유지했더라면 어떻게 되었을까?

일본에게 납치되어 왜곡된 근대화의 길을 가지 않고 독자적으로 제대로 된 근대화의 길을 걸었을 것이다. '일본의 일본에 의한 일본을 위한 조선 근대화'가 아니라 '조선의 조선에 의한 조선을 위한 조선 근대화'를 이뤘을 것이다.

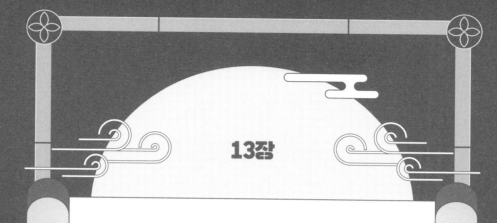

13장

일본은 어떻게
조선을 넘었나

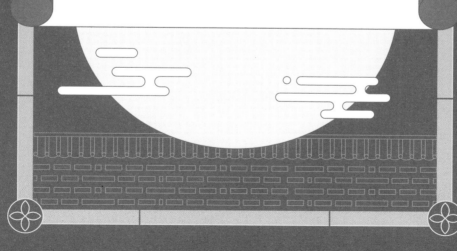

백제가 멸망의 위기에 몰렸던 660년 일본에서 구원 병력을 파병했던 역사 기록과 일본의 고대 문화에 담긴 백제와 고구려의 영향을 감안해보자.

일본의 지배층은 부여족 계통이며 한반도와 밀접한 연관성을 맺으며 발전해 왔다고 보는 데 무리가 없어 보인다.

또한 고려 말, 조선 초 세 차례에 걸쳐 대마도 정벌이 이뤄질 때만 해도 일본의 국력이 조선보다 못했다고 보는 게 타당해 보인다.

세종대왕 때 있었던 3차 정벌에서 조선 조정에 항복한 대마도주 소 사다모리가 대마도를 조선 땅에 편입시켜주길 요청한 사실*은 조선과 일본 사이에 세력 균형의 추가 어느 쪽으로 기울고 있었는지 가늠하게 한다. 만일 일본의 국력이 더 강했다면 항복은 하더라도 조선 땅에 편입해 달라는 요청은 하지 않았을 것이기 때문이다.

조선 건국 후 200년이 지난 시점에 발발한 임진왜란에서 일본은 부쩍 성장한 모습을 보였고 조선과 명나라를 동시에 상대하는 정도의 무력을 보유했다.

임진왜란이 끝나고 300년이 지난 후 조선에 다시 나타난 일본은 청나라를 무력으로 굴복시키고 러시아와 자웅을 겨룰 정도의 세계적 강국 반열에 올랐다.

17세기부터 3세기에 걸쳐 파견된 조선 통신사**를 통해 조선의 문물을 배우던 입장에서 20세기 초에는 조선을 식민지로 강제 편입하고 조선인에게 신식 교육을 강요하는 입장이 되었다.

조선왕조 500년 동안 한일 양국에 무슨 일이 있었기에 선진 문명국이던 조선이 한참 아래로 내려다보던 일본의 식민지가 되

◆ 조선 조정은 "원래 대마도가 경상도 땅이었으니 경상도에 편입시키겠다"라고 했고 대마도주 사다모리는 "경상도에 편입되어 있었던 적은 없다"라는 입장을 취했다.

◆◆ 1607년부터 1811년까지 모두 열두 차례에 걸쳐 일본에 통신사를 파견했다. 통신사의 정사(正使)는 보통 참의(현재의 차관보)급에서 선발되었다. 초기에는 일본 식자층이 통신사 일행을 만나보고자 하는 열망이 강했으나, 란가쿠로 서양의 지식이 전래되면서 조선이 오히려 학문적으로 뒤처지는 모습을 보였다. 일본 의사가 해부학에 대한 의견을 묻자 "갈라보지 않고 알아야 진정한 명의"라고 호통을 치는 조선 의사가 일본인들에게 어떻게 비쳤을까?

는 극적 반전이 일어났을까?

우리 역사 교실에선 '간악한 일본이 선량한 조선을 총칼로 유린했다'라며 한일강제병합 과정에서 조선이 책임질 일은 없는 것처럼 얘기하는 데 길들여져 있다.

한일 근대사 교실은 '누가 착하고 누가 악한가?'라는 단순한 선악 게임에서 한 단계 더 발전해 '조선은 왜 힘이 약해지고 일본은 왜 힘을 기를 수 있었는지?'에 대한 깊이 있는 토론이 이뤄지는 사유의 공간이 되어야 한다. 그렇게 해야 일본을 넘어설 길이 보인다.

뭔가 잘못되어 실패했을 경우 실패를 반복하지 않고자 택해야 하는 가장 중요한 과업은 실패의 원인을 명확하게 규명하는 것이다. 대충 넘어가거나 문제의 본질을 회피하면 실패의 원인을 제거하지 못하므로 실패가 반복될 수밖에 없다.

14세기 말부터 20세기 초에 이르는 한국과 일본의 역사 흐름을 분석하고 조선의 실패 원인과 일본의 성공 원인을 파악해야 한일 관계사를 보다 객관적인 관점에서 바라보고 앞으로 나아갈 길을 볼 수 있다.

중농주의에 고착된 조선

조선과 동 시대의 일본은 철저한 계급 사회였다. 일본에선 지방의 번을 다스리는 다이묘(大名)가 중앙 정부인 막부(幕府)의 쇼군(將軍)에게 복종할 의무가 있었고 쇼군이 번의 영주를 폐할 수 있는 권한이 있었다. 번의 영주인 다이묘는 자기가 다스리는 번에서 거의 왕과 같은 절대 권력을 갖고 있었고 지위는 세습되었다.

이에 반해 조선은 절대군주인 왕이 다스리는 중앙집권제 국가로서 지방의 수령을 왕이 직접 임명했으며 세습되지 않았다. 조선은 사농공상이라는 신분 질서를 내세워 공업과 상업에 종사하는 인력을 낮은 신분으로 자리매김했다.

한나라 5대 황제인 문제가 내세운 것으로 알려진 '농자천하지대본'에서 유래된 농업 중시 사상에 기반을 두고 있다.

조선이 본격적으로 활동한 15세기에서 19세기는 화약, 항해기술, 수학, 과학기술의 발전으로 농업의 중요성이 상대적으로 낮아지고 상업과 공업의 중요성이 주목받는 시기였다.

하지만 1,500년 전인 기원전 2세기에 제시된 농업 중시 산업철학을 국가 지배구조 설계에 반영한 조선은 출발부터 시대착오적인 성향을 보였다는 비판에서 자유로울 수 없다.

공업 종사자와 상인을 천하게 대우하니까 기술을 습득하고 발전시킬 동기가 부여되지 않았고 신기술을 이용해 새로운 상품을 만드는 일에도 관심을 두기 어려웠다. 사농공상에 입각한 신분제도는 조선에서 기술의 축적과 상용화가 거의 불가능하게 만들었다고 해도 지나친 말이 아니다.

일본의 경우 공업과 상업에 종사하는 능력 있는 사람들을 우대했다. 사가번의 영주 나베시마 나오시게 밑에 있었던 조선 도공 이삼평이 상당한 수준의 대우를 받은 걸 봐도 일본이 공업과 상업에 종사하는 인력을 우대했음을 미뤄 짐작할 수 있다.

사가현의 스에야마 신사(陶山 神社)에는 도공 이삼평이 영주인 나오시게와 동격인 상전신(上殿神)으로 모셔져 있다. 이삼평이 사가번의 도자기 산업을 일으켜 경제발전에 크게 기여했다곤 하지만 외국 출신의 기술자에게 보내는 예우치고 과도할 정도의 격식을 갖추고 있다는 사실이 시사하는 바가 크다.

일본이 공업과 상업을 중시한 건 번끼리의 경쟁도 한몫했다고 보인다. 막부의 쇼군은 다이묘들을 견제하고자 번을 제대로 경영하지 못하고 물의를 일으키는 경우 번주의 지위를 빼앗는 사례가 있었다.

다이묘들은 번의 산업을 발전시켜 백성의 생활을 안정시키는 데 관심을 기울일 수밖에 없었다.

또한 전국시대에 다이묘 가문끼리 먹고 먹히는 약육강식 경험에 따라 번의 무력을 강하게 유지하는 게 다이묘 가문의 생존을 보장하는 가장 확실한 방법이라는 인식이 확고하게 자리 잡고 있었다.

예나 지금이나 국방 능력은 경제산업 능력과 정비례하므로, 강한 군대를 보유하고자 병력의 규모를 늘리고 우수한 무기를 확보하는 데 필요한 재원을 얻으려면 공업과 상업의 발전을 독려해야 했던 것이다.

이에 반해 신분에 의해 사회활동이 제한되고 신분이 고정되어 있어 이렇다 할 경쟁이 없었던 조선은 외국의 침략이 없는 한 현상 유지가 가능했다.

또한 중국의 조공국으로서 중국의 힘에 의지하는 동아시아 질서체계에 순응하고 있었으므로 경제발전과 산업발전을 이뤄야 한다는 목적의식과 긴장감이 존재할 수 없었다.

그렇기에 건국 시점에 시대착오적인 발상에 의해 채택된 농업 위주의 산업관이 바뀌지 않고 고착되며 공업과 상업이 뒷전으로 밀렸다.

18세기에 시작된 산업혁명의 진전에 따라 조선의 경제산업 능력과 국방 능력이 상대적으로 약화되면서 세계의 변방으로 밀려나는 주요 원인이 되고 말았다.

산업혁명의 흐름을 이해한 일본

조선은 해금정책을 채택해 민간무역을 금지했고 중국과의 조공무역을 유일한 대외교역 창구로 유지했다. 따라서 산업혁명의 발상지인 유럽과 직접 소통할 수 있는 통로가 없었다.

산업혁명이 시작된 18세기 이후 조선은 청나라를 통해 간접적으로 산업혁명의 조류를 이해할 수도 있었으나, '숭명배청(崇明排淸)' 사상에 물들어 '대륙에서 사라진 한족의 중화 문명이 조선에서 새로이 뿌리를 내리고 발전한다'라는 소중화론을 내세우며 근거 없는 자존심에 매몰된 조선 식자층은 청나라의 문물을 백안시했다.

유럽과 직접적인 소통도 불가능했고 청나라를 통한 간접 소통도 되지 않았기에 산업혁명의 흐름을 놓칠 수밖에 없었다.

일본이 다이묘들 간의 경쟁에 따라 경제발전과 산업발전을 이룩했다고 해도 18세기 유럽에서 일어난 산업혁명을 이해하고 그 흐름에 올라탄다는 건 당시의 교통통신 수준과 국가 간 교류 실태를 감안할 때 매우 어려운 일이었다.

그러나 19세기 초 일본 도쿠가와 막부의 수도였던 에도는 세계 최대의 도시였고 서양식 의술을 시술하는 병원의 숫자가 1천 개에 이르렀으며 고난도 수학 분야인 미적분(Calculus)을 이해하

고 있을 정도로 유럽의 학문을 섭렵하고 있었다.[*]

지금 우리 의학계에서 쓰는 용어, 이를테면 신경, 근육, 동맥, 정맥과 같은 용어는 1774년 일본에서 번역 발간한 해부학 교과서인 『해체신서(解體新書)』에서 정립했다. 『해체신서』는 독일 의사 요한 아담스 쿨무스의 해부학 서적 『해부도표(Anatomische Tabellen)』의 네덜란드어판을 일본어로 번역한 것이다.

일본은 16세기부터 포르투갈 상인들을 통해 유럽의 시장과 연결되어 있었다. 임진왜란 때 포르투갈 신부들이 종군신부로 참전한 역사 기록도 있는데 도쿠가와 막부가 천주교를 금지하면서 포르투갈 대신 네덜란드가 일본의 대유럽 교역 창구가 되었다.

네덜란드는 기독교 포교 활동을 하지 않는다고 약속했고 일본인과의 접촉을 피하고자 나가사키에 만든 '데지마(出島)'라는 인공 섬에 상관을 짓고 활동했다.

조선에 표류한 헨드릭 하멜은 인도네시아에서 나가사키로 항해하다가 폭풍우를 만나 제주도에 오게 된 네덜란드 동인도회사의 직원이었다.[**]

◆ 조선의 산학 수준으로는 2차 방정식의 근의 공식을 이해하고 연립방정식을 풀 수 있었다.
◆◆ 하멜이 조선을 탈출해 네덜란드 본국에 돌아간 후 표류기를 저술했고, 조선도 상당한 수준의 문화 국가이니 조선과 교역을 해야 한다고 주장했다. 네덜란드 정부가 하멜의 건의를 받아들여 한국과의 무역에 종사할 배를 건조하고 배의 이름을 코리아호로 정했다. 당시로는 세계 최대 규모의 범선이었던 코리아호는 그러나 조선에 오지 못했고 남미 무역에 투입되었다. 도쿠가와 막부가 네덜란드에 압력을 넣어 조선과의 직접 교역을 막아섰기 때문이었다.

일본은 네덜란드를 통해 유럽의 의학과 과학기술 등 문물을 배웠는데 통칭해 '란가쿠'라고 한다. 일본은 기본적으로 쇄국정책을 썼고 느슨하지만 중국 중심의 동아시아 질서체제를 존중하고 있었다. 그런 한편 데지마를 서양으로 향하는 통로로 열어뒀던 것인데 이 작은 통로가 일본이 근대 산업국가로 발돋움하는 데 크게 기여한 것이다.＊

1853년 페리 제독이 이끄는 함대가 증기선을 끌고 와 개항을 요구했을 때 미군과 대화하고자 기함에 승선한 일본 관리가 유창한 네덜란드어를 구사하고 협상도 네덜란드어로 진행하는 걸 보고 깜짝 놀랐다는 역사 기록이 있을 정도로 네덜란드가 일본에 준 영향은 지대한 것이었다.

도쿠가와 막부는 1년에 한 번 정기적으로 네덜란드 본국에서 소식지를 제공받아 해외 사정을 파악했는데, 제1차 아편전쟁 이후에는 해외에서 주목할 만한 사건이 벌어지면 별도로 자세한 보고서를 작성해 즉시 제출하도록 네덜란드 상관에 명령했다.

'별단풍설서(別段風說書)'라고 하는 수시보고서로 사전에 이미 미국이 파견한 군함의 수와 명칭, 병력 규모와 무장, 지휘관인 페리 제독의 신상과 식성까지 파악하고 있었다고 한다.

＊ 1825년에 공포한 도쿠가와 막부의 이국선타불령에 의하면 일본의 해안 포대는 청나라 선박과 네덜란드 선박을 제외한 외국 선박이 접근하면 발포하도록 명령하고 있었다.

잘못 쓰인 한국사의 결정적 순간들

조선이 버린 무기로 조선을 치다

연산군 시절에 함경도 단천 광산에서 세계적인 사건이 일어났다. 은광석을 제련하는 데 있어 획기적인 기술이 발명되었다. 연산군이 직접 광산의 제련기술자들을 왕궁으로 초대해 기술을 시연하게 할 정도로 무게감 있는 사건이었다.[*]

당시 유럽, 남아메리카, 중국을 잇는 삼각 무역에서 국제 결제 통화 역할을 하는 게 은이었기에 은을 효율적으로 제련해 생산량을 늘리는 건 곧 국가의 부강을 약속하는 것이었다. 그러나 연산군을 몰아내고 왕위에 오른 중종은 오히려 단천 광산을 폐광하는 역주행을 한다. 은이 많아지면 사치풍조가 생긴다는 이유였다.

조선이 버린 획기적인 기술은 일본으로 흘러 들어가 이와미 광산을 볼리비아의 포토시 광산에 이어 세계 2위의 생산량을 자랑하는 은광산으로 올려놓았다. 이와미 광산은 전 세계 은 생산량의 1/3을 차지할 정도로 그 영향력이 컸다.

당연히 일본이 국제무역에서 차지하는 위상이 높아졌고 유럽의 열강들이 일본과의 무역권을 차지하고자 각축을 벌였다. 포르투갈을 거쳐 최종적으로 낙점 받은 나라가 네덜란드였다.

◆ 『조선왕조실록』에 이 날의 기술 시연 내용이 자세하게 나와 있다.(연산군일기 49권, 연산 9년 (1503년) 음력 5월 18일) 양인 김감불과 장례원 노비 김검동이 공동으로 개발한 기술이다.

만약 조선의 단천 광산이 계속되었다면 유럽의 열강들이 모두 조선과 교역하려고 줄을 섰을 것이었는데, 중종의 어이없는 결정이 일본에게 조선을 앞서 나갈 수 있는 커다란 기회를 헌납한 것이다. 중종은 진정 사치가 두려워 단천 광산을 폐광한 것일까?[*]

조선은 개국 이후 난데없는 해금정책으로 민간의 무역 활동을 금지했다. 명나라가 실시하니 조선도 실시해야 한다는 논리였으나 명나라의 경우 주원장 반대 세력이 해상세력이 되는 걸 방지하는 목적으로 채택한 것이고 땅덩어리가 크니 자급자족이 가능해 문제가 없었지만, 농토가 부족하고 산악 지역이 많은 조선으로선 반도 국가의 이점을 살리는 무역[**]으로 살길을 찾아야 했지만 민간의 무역 활동을 금지해 백성이 좁은 한반도에 갇혀 식량 부족으로 고난을 감수해야 했다.[***]

---

[*] 광산은 사람이 많이 모여 곡괭이와 삽을 쓰고 말들을 많이 부리고 또 화약을 쓰기에 여차하면 반란군으로 둔갑할 수 있었다. 실제로 홍경래의 난 때 금광을 개발한다는 명분으로 사람을 모아 거병한 사례도 있다. 중종은 왕권을 위협할 수 있는 세력의 등장을 미리 제거한 게 아닐까?

[**] 반도 국가인 로마는 경쟁국인 카르타고를 제압하고 지중해의 해상무역을 장악하면서 세계적인 강대국으로 부상하는 기초를 닦을 수 있었다.

[***] 해금정책을 채택한 이유도 불투명하다. 명나라가 직접 요구한 것도 아닌데 왜 그랬을까? 쿠데타로 왕위를 찬탈한 이씨 왕조는 늘 누군가 무력으로 자신들을 몰아낼 수 있다는 가능성에 주목하고 왕권을 위협할 가능성이 있는 세력이 형성될 가능성을 원천적으로 봉쇄하려고 한 게 아닐까? 실제로 신라 말기에 해상무역을 장악한 장보고가 왕위 계승에 영향력을 행사하는 막강한 지위에 있었고 신라 조정이 속임수를 쓴 암살로 그를 겨우 제거한 역사적 사실이 존재한다.

일본은 조선이 동아시아 바다에서 사라지자 제 물을 만났다. 동남아시아와 인도까지 진출해 아시아 무역의 중심에 섰다.

조선의 은과 바다가 곧 일본의 은과 바다가 되어 일본의 국력을 착실하게 늘려줬고 조선 건국 후 200년이 지난 임진년에 정명향도 가도입명, 즉 일본이 명나라를 정복하는 데 조선이 신하로서 앞장을 서라는 일견 방자해 보이는 국서를 보낼 정도로 일본의 국력이 커졌다. 실제로도 조선과 명나라가 힘을 합쳐 왜군의 진격을 막아야 할 정도로 이미 일본은 조선을 넘어선 존재가 되어 있었다.

조선은 임진왜란 이후 역성혁명으로 새로운 왕조를 열고 격차를 줄이고자 힘써야 했지만 역성혁명의 유일한 가능성이었던 이순신 제독이 노량해전에서 전사했고, 피할 수 있었던 병자호란을 겪으면서 도약의 기회를 완전히 상실한 채 돌이킬 수 없는 나락의 길로 떨어지고 말았다.

조선이 건국과 함께 채택한 해금정책과 중종의 폐광정책은 조선 지배층 스스로 성장판을 닫고 난쟁이가 되고자 한 시대착오적 패착이었다.

국가 지배구조의 효율성

위화도회군으로 민족의 고토 회복 열망을 외면하고 권력을 장악한 이성계 세력은 건국을 위한 명분을 만들고자 세상이 달라졌다는 걸 백성에게 각인시키는 데 주력하는 한편, 적지 않은 반대파들의 무력 봉기를 경계해야 했다.

세상이 달라졌다고 선을 긋고자 택한 무리수가 불교 억제 정책이었다. 거의 모든 백성이 믿고 이성계 본인도 믿고 있어 국교나 다름없는 불교를 금지한 건 상식적으로 볼 때 이해하기 어려운 조치였다.

한편 반대파들의 봉기를 막기 위해 취한 조치 중 하나가 해금 정책이라고 할 수 있다. 반대파가 비교적 운신이 용이한 무역 상인들과 결탁해 외국에서 무기와 용병 집단을 들여오고 군자금도 마련할 수 있기 때문이다.

반대파를 제압하는 종결자가 중국의 제후국이 되는 것이었다. 국내의 반대 세력이 명나라를 적으로 상대하는 게 큰 부담이 되기 때문이다.

조선의 건국 세력은 출발부터 집권층의 지위를 공고하게 하는 데 관심이 있었지 나라의 영토를 늘리고 제도를 개혁해 좋은 세상을 만들겠다는 의지는 보이지 않았다.

집권 세력 내 권력 갈등도 심했다. 권력 갈등은 군신 관계에 대한 정의 때문에 표면화되었다.

위화도회군을 주도한 정도전*은 군왕도 견제할 수 있는 강력한 신권(臣權)을 추구했고 이방원과 충돌했다. 이방원이 이기고 정도전은 죽었지만 정도전이 깔아놓은 틀을 완전하게 깨지 못한 조선은 군약신강의 나라가 되어 절대왕정 시대에 살면서 의사결정의 주체가 불투명해졌다.

조선 국왕은 경연이라 해서 유교 경전 공부를 강요당했고, 사관들이 늘 따라붙어 일거수일투족과 발언 내용을 모두 적어 기록으로 남기며 왕을 압박하고 감시했다고 볼 수 있다.

『조선왕조실록』은 세계 역사상 유례가 없는 인류문화유산이다. 기후변화 상황까지 세밀하게 기록되어 있어 현대 과학이 필요로 하는 귀중한 자료가 포함되어 있긴 하나, 국가 경영에 있어 기밀 사항이 엄연히 존재하고 왕과 신하 사이에서도 보안을 지켜야 하는 사안이 있는 것인데 사관이 따라붙으니 아무래도 국정 운영에 걸림돌로 작용하는 경우도 꽤 있었을 거라고 여겨진다.

게다가 왕은 모든 양반의 상소를 읽고 답을 해줘야 했다. 민주적 제도라고 볼 여지가 있으나, 극소수의 특권층만 상소할 수 있

◆ 변방의 일개 무장 이성계에게 야심을 갖도록 부추긴 인물이 정도전이다. 정도전은 자신의 뜻을 펴기 위해 이성계의 무력을 이용하고자 했다. 그러나 '왕은 왕, 신하는 신하'라는 한계를 넘을 순 없었다.

기에 민주주의로 포장하기에는 다소 무리가 있고 특정 사안에서 왕이 신하들과 의견이 다를 경우 상소가 빗발치면 왕이 지쳐 먼저 양보할 수밖에 없는 기이한 견제 장치라 아니할 수 없는 게 상소 제도였다.

세계 어느 나라의 왕이 이렇게 심적 고문을 받으며 바쁘게 살면서 통치자의 위치에 있었는지 궁금하다. 왕과 신하 사이에 존재하는 긴장 관계 때문에 아무것도 실행하기 어려운 비정상적인 국가 지배구조를 갖고 출범한 나라가 조선이었던 것이다.

신하들이 왕을 갈아치우는 두 번의 반정(1506년의 중종반정, 1623년의 인조반정)과 신하들이 왕을 부추겨 반대파를 척살하는 네 번의 사화(1498년의 무오사화, 1504년의 갑자사화, 1519년의 기묘사화, 1545년의 을사사화)가 말해주듯 조선의 국가 지배구조는 양반 세력 간의 이해관계가 첨예하게 대립하고 왕은 그 사이에 끼어 있는 모습으로 일관했다.

명나라의 제후국이 되면서 사사건건 명나라의 간섭을 받은 것도 조선이 제 역량을 발휘해 앞으로 나가는 데 적지 않은 부담을 줬다. 왕의 후계자인 세자를 세울 때도 명나라의 책봉을 받아야 하는 족쇄가 조선을 옥죄었다. 군사력을 강화하려 해도 명나라의 눈치를 봐야 했을 것이다.

절대왕정의 장점은 명군이 나타났을 때 국력이 비약적으로 신장되는 것이고 의사결정이 빠르고 효력이 크다는 것인데, 군약신강의 나라 조선은 명군이 나타나도 그저 그렇고 암군이 나타나면 신하들이 발호해 국가 역량을 좀먹는 나라가 되었던 것이다.

조선은 엔진은 있지만 핸드 브레이크가 걸려 있어 제 속도를 내지 못하는 자동차여서 시간이 지날수록 뒤쳐질 수밖에 없는 국가 지배구조를 갖고 있었다.

1608년 경기도를 시작으로 광해군이 도입한 대동법이 100년이 지나 숙종 때 제주도, 함경도, 평안도 등 변방을 제외한 전국에서 실시된 역사적 사실을 봐도 조선의 국가 지배구조에 큰 문제가 있었음을 알 수 있다.

이에 반해 일본은 명목상의 국가원수인 천황을 유지해 국민 통합을 이루는 한편, 전국시대 때 큰 혼란을 겪긴 했지만 기본적으로 막부 중심의 강력한 중앙집권과 번주인 다이묘의 자치권이 조화를 이루며 발전했다.

특히 중국으로부터의 간섭이 거의 없어 권력이 승계되고 독자적인 발전 전략을 추구할 수 있었으며 군사력을 키우는 데 있어 외부로부터 오는 제약이 없었다는 점에서 조선보다 더 효율적인 국가 지배구조를 갖고 있었다고 봐야 한다.

19세기 동아시아 격변기에 일본과 조선이 무력으로 밀고 들어오는 서양 세력에 대응한 모습을 보면 일본이 더 세련되게 국론을 모으고 현명하게 대응하고 있었음을 부인하기 어렵다.

국가 지배구조의 우열은 국가가 외부의 위협에 노출되었을 때 얼마나 빨리 또 효율적으로 국익을 지키느냐로 판가름한다. 조선의 불투명한 국가 지배구조는 외부의 위협에 노출되었을 때 난맥상을 보이기 쉬웠다.

명청교체기에 명나라에 집착하다가 백성이 겪지 않아도 될 크나큰 고난을 겪게 만들고 만주의 일부를 회복할 수 있는 기회까지 공중에 날려 보내는 선택을 했다.*

19세기 말 절체절명의 순간에도 겉으로는 절대왕정 국가이면서 친일파, 친러파, 친청 수구파 등으로 분열되어 국론 통일을 이루지 못하고 표류하면서 제대로 된 대응을 못했다는 사실이 조선의 국가 지배구조가 잘못 설정된 형태라는 사실을 웅변하고 있다. 조선과 일본의 국가 지배구조 사이에 존재하는 차이 중 하나가 바깥세상을 보는 창의 존재 여부다.

일본은 네덜란드라는 창구로 세계무역에 참여하고 바깥세상에 관한 정보를 수집했다. 제1차 아편전쟁에서 중국이 유린당하는 걸 보고 정보수집 기능을 더욱 강화했으며 미국과의 수교를 계기로 메이지 유신을 단행해 지방의 다이묘 단위로 진행되던 서구화 개혁을 천황 중심의 중앙정권이 이끌도록 해 효율을 극

◆ 만약 조선이 청나라 편에 서서 명나라를 공격하는 데 일조했다면, 만주족이 명나라를 멸망시킨 이후 만주를 비우고 중원으로 모두 이주할 때 적어도 옛 고구려 발상지 송화강 유역과 압록강 북부, 그리고 연해주까지진 조선의 영역으로 편입해줄 것을 요구할 수 있었을 것이다.

대화하는 내부 개혁을 이뤘다.

　반면 조선은 청나라의 문명을 백안시하고 명나라를 숭상하는 소중화 사상에 빠져 명나라의 명맥을 잇고 있는 조선이 세계 문명의 중심에 있다는 망상을 하다 보니 바깥세상을 알고자 하는 노력을 하지 않았고 일본의 네덜란드 상관처럼 바깥세상을 볼 수 있는 창구도 없었다.

　적대적인 바깥세상이 성큼 다가오자 상념과 현실 사이에 존재하는 격차가 너무 커 혼란에 빠질 수밖에 없었다.

경작 가능 면적의 차이

국가의 산업 역량과 인구 규모는 밀접한 관련이 있다. 산업 역량이 늘어나 더 많은 인구를 먹여 살릴 수 있게 되어 출산율이 높아지는 방향도 생각할 수 있고, 생산인구가 늘어남에 따라 노동 투입량이 증가해 산업 생산이 증가하는 방향도 생각할 수 있다.

　임진왜란이 일어날 무렵 한일 양국의 인구 규모는 비슷한 수준이었지만, 19세기 중반에 이르러선 일본의 인구가 조선 인구의 두 배 수준으로 늘어났다. 이러한 차이는 기본적으로 농업 생산력의 차이에서 원인을 찾을 수 있다.

　일본의 국토 면적은 38만 평방킬로미터이고 한반도의 국토 면적은 22만 평방킬로미터라 일본이 조선의 1.7배였다. 여기에 조선이 일본보다 산악 지형 비율이 높은 점을 감안하고 경작 가능 면적을 기준으로 일본이 조선의 두 배 이상이었기에 강우량과 기온 등 기후 조건까지 감안하면 일본의 농업 생산력은 대략 조선의 3배 수준 이상이었다고 볼 수 있다.

도시화의 진전에 있어서도 농업 위주의 조선은 답보 수준으로 큰 변화가 없었지만, 19세기에 들어 일본의 도시화는 빠르게 이뤄졌다. 도시화의 진전은 상공업 발전이 이뤄진 결과라고 할 수 있는데, 도시화에 따라 노동력의 운용과 관리가 쉬워지면서 상업과 공업 부문의 생산성 향상에 가속도가 붙었다.

19세기 후반에 들어서서 인구 규모와 도시화에서 일본에 크게 뒤떨어진 조선은 산업 역량과 국방 역량에서 더 이상 일본의 상대가 되지 않았다. 인구 규모와 도시화 진전율은 산업 고도화의 결과치이기에 조선과 일본의 차이를 설명하는 독립된 설명변수(independent explanatory variable)가 될 순 없지만, 19세기 후반에 일본의 국가 역량과 조선의 국가 역량에 큰 차이가 존재했다는 사실을 보여주는 통계값이라고 할 수 있다.

국가 기본시스템 설계가 중요하다

조선은 밑그림을 잘못 그리는 바람에 백성의 우수한 능력을 모으고 꽃피우지 못해 그렇고 그런 지리멸렬함에서 벗어나지 못했다. 그에 비해 일본의 막부 제도와 다이묘 제도는 완벽하다고 할 순 없지만 조선의 밑그림보다 더 효율적인 의사결정 시스템을 가지고 있었다. 조선이 밑그림을 제대로 그리지 못한 이유는 형식은 새 나라를 건국하는 것이었지만 실제 내용은 쿠데타에 의한 지배 세력 교체였기에 왕조 설립에 뚜렷한 명분이 없었기 때문이다. 뚜렷한 명분이 없다 보니 고려왕조의 시스템을 부정하고 다르게 설계하는 게 새로운 시작을 알리는 방법이었다.

국교라고 할 수 있는 불교를 금지하는 무리수를 뒀고 사농공상과 같이 경직적이고 시대착오적*인 신분 질서를 내세워 국민총화 단결이 원초적으로 부정되는 문제점을 안고 출범했다. 해상 세력의 발호를 억제하고자 해금정책을 채택해 바깥세상의 움직임도 제대로 파악하지 못하고 은 제련기술로 은 생산을 획기적으로 늘려 세계적인 산업통상 국가로 비상할 수 있는 기회도 걷어차버린 조선은 스스로 성장판을 닫고 제자리걸음 내지 퇴보를 거듭하며 19세기에 불어 닥친 풍파를 이기지 못하고 침몰했다.

◆ 같은 민족을 노예로 부리는 사례도 동서고금에 유례를 찾기 어렵다.

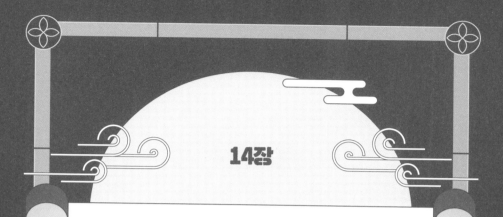

14장

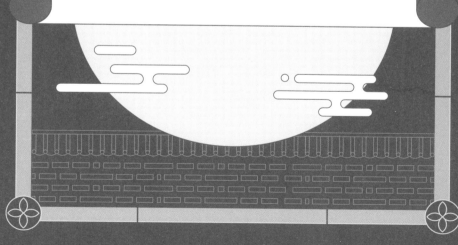

무장독립투쟁은 애국심만으로
성공할 수 없다

샤를 드골 장군이 이끈 자유프랑스는 연합군의 일원이 되어 중요한 전투에 활발하게 참여해 공을 세우고 제2차 세계대전이 연합군의 승리로 끝나면서 프랑스를 강대국 반열에 올려놓았다. 반면 자유폴란드는 자유프랑스보다 더 많은 병력을 투입하고 연합군의 일원으로 열심히 싸웠지만 제2차 세계대전이 끝난 후 연합국으로부터 정부 승인이 취소되는 수모를 겪으며 끝없이 추락했다.

한편 조선은 수많은 조선 청년이 중일전쟁에 참전해 혁혁한 공을 세우며 많은 피를 흘렸지만 국토가 남북으로 분단되는 최악의 결과를 받아들여야 했다.

왜? 무엇이 이런 차이를 만들었을까? 애국심과 적개심은 독립투쟁 성공의 필요조건이지만 충분조건은 아니기 때문이다. 전투

능력과 함께 지도자의 노련한 외교력이 뒷받침되어야 독립투쟁의 결실을 얻을 수 있다.

적국에게 점령된 조국을 독립시키려는 무력투쟁은 고난의 길이다. 열등한 무기체계와 부족한 병력 그리고 열악한 보급 상황을 감수하면서 모든 면에서 월등한 적군을 상대해야 하기 때문이다. 피 끓는 애국심과 불굴의 정신력이 없다면 함께하기 어려운 길이다.

무력투쟁은 애국심과 정신력만 갖고 뜻하는 목적을 이루긴 어렵다. 개틀린 기관총으로 무장한 일본군 앞으로 죽창을 들고 돌격한 동학군이 애국심이 부족하거나 정신력이 부족해 전멸의 상황으로 몰린 건 아니다. 독립을 위한 무장투쟁이 성공하려면 국제 정세를 읽는 혜안과 뛰어난 전략이 함께해야 한다.

제2차 세계대전이 일어나고 프랑스와 폴란드는 나라를 잃었다. 두 나라의 군 지도자 중 뜻이 있는 애국 군인들이 점령군에게 협조하는 걸 거부하고 해외로 망명해 무력투쟁을 전개했다.

우리 선조들도 3.1 운동이 일제의 무력 진압으로 좌절되자 만주로 무대를 옮겨 무력투쟁을 전개했다. 청산리 전투, 봉오동 전투에서 혁혁한 전과를 올리고 일본군에게 큰 피해를 입혔다.

프랑스, 폴란드, 조선의 무력투쟁은 언뜻 보면 차이가 없어 보이지만 들여다보면 크고 작은 차이들이 존재한다. 그 차이가 제2차 세계대전이 끝나고 연합국 중심의 새로운 세계질서가 형성

될 때 세 나라의 운명을 서로 다르게 결정했다.

프랑스는 당당히 전승국 반열에 오르고 국제연합(UN) 안전보장이사회의 상임이사국이 되어 비토권을 보유하는 강대국이 되었다. 폴란드는 전승국 지위를 얻지 못했을 뿐더러 소련의 위성국가로 전락했다. 조선은 나라가 남북으로 양분되어 대치하는 최악의 결과를 감수해야 했다.

세 나라 모두 연합군 편에 서서 독일-이탈리아-일본 주축국 동맹에 맞서 싸웠는데 왜 이런 큰 차이가 생겼을까? 우리는 역사를 너무 평이하게 그리고 가급적 좋게 넘어가는 식으로 서술하고 공과를 깊이 있게 논의하지 않는다.

우리는 청산리 전투와 봉오동 전투의 승리를 기리는 데서 멈출 게 아니라 청산리 전투와 봉오동 전투 그 이후의 전개 과정을 분석해야 한다. 무력투쟁의 결과 무엇을 얻었는지, 더 좋은 무엇을 얻었을 다른 선택지는 없었는지 냉정하게 분석하고 토론해야만 한다.

그래야 다시 비슷한 상황에 몰렸을 때 올바른 선택을 할 수 있고 국제사회로부터 젊은 애국청년들이 흘린 귀중한 피에 대한 정당한 평가와 보상을 받을 수 있을 것이다.

자유프랑스의 성공

드골 장군은 프랑스가 독일에게 항복하자 영국으로 망명해 라디오 방송을 통해 본인을 중심으로 대독일 무력항쟁을 펼치자고 프랑스 국민을 설득하는 한편, 프랑스 국내의 무장저항세력인 레지스탕스와 영국군을 연결하는 고리 역할을 하며 차츰 망명정부의 지도자 지위를 얻어갔다.

영국으로 건너온 프랑스 군인의 숫자가 적어 전쟁 수행에 큰 도움이 되지 않는 데다 드골 장군이 끊임없이 망명정권의 위상에 관한 요구사항과 불평을 제기해 미국의 루스벨트 대통령과 영국의 처칠 수상이 달갑게 생각하지 않았다. 그러나 드골 장군은 좌절하지 않고 아프리카의 프랑스 식민지를 기반으로 승부수를 띄웠다.

서아프리카 세네갈에서 흑인 병사를 징집하고 북아프리카의 아랍계 청장년들에게 프랑스를 위해 싸우자고 설득해 7만 명 수준의 군대를 보유하는 데 성공했다. 프랑스인 장교의 지휘를 받는 아프리카계 병사들로 구성된 자유프랑스 군대는 피복과 장비, 탄약, 휘발유, 식량을 미군에게 100% 의존하며 함께 북아프리카 전선에서 에르빈 롬멜 원수가 지휘하는 독일군과 싸워 몰아내는 데 기여한 이후에는 이탈리아에 상륙해 저항하는 독일군과 이탈리아군을 굴복시키는 데 공을 세웠다.

드골 장군은 이러한 군사적 성과를 기반으로 연합군 수뇌에게 의미 있고 상징적인 요구를 했다. 연합군이 파리를 해방해 개선문을 통과할 때 자유프랑스군이 선두에 서서 행진을 이끈다는 것이었다. 무려 300만 명의 젊은이를 유럽 전선에 보낸 미국의 입장에서 아프리카인 주축의 자유프랑스군을 행진의 선두에 세운다는 건 어불성설이었지만, 자유프랑스군의 군사적 기여도와 함께 드골 장군의 끈질긴 요구와 설득으로 결국 자유프랑스군이 미군과 함께 선두에 서서 파리 개선문을 통과했다.

큰 의미가 없다고 생각하기 쉽지만 전 세계 사람들이 지켜보는 가운데 자유프랑스군이 개선 군사 퍼레이드의 선두에 섰다는 건 상징적 의미가 매우 컸다. 제2차 세계대전이 끝난 후 프랑스가 국제사회에서 차지하는 위상을 확보하는 출발점이 되었다고 해도 과언이 아닐 정도로 중요한 역사적 장면을 드골 장군의 의지와 혜안으로 일궈낸 것이다.

자유폴란드의 실패

1939년 8월 23일 독일과 소련이 독소불가침조약을 맺은 직후 함께 폴란드를 침공해 폴란드가 독일령과 소련령으로 양분되자 프랑스 파리로 망명한 폴란드 정치인과 장교 들이 망명정부를 수립했다.

약 10만 명에 달하는 자유폴란드군이 프랑스군 소속으로 편제되어 1940년 5월에 프랑스를 침공한 독일군과 싸웠으나 프랑스군 수뇌부의 패착 때문에 괴멸적 타격을 입고 영국으로 철수했다. 프랑스에서 타격을 입은 육군이 지지부진한 상태에 있을 때 자유폴란드 소속 파일럿 140여 명이 영국 공군에 참여해 본토 항공전에서 크게 활약했다. 적기 격추 비율이 영국 공군 파일럿의 2.4배에 달할 정도였다.*

1941년 6월에 독일이 독소불가침조약을 깨고 소련을 침공하는 바람에 폴란드 망명정부는 소련과의 관계를 개선하고 소련으로부터 폴란드군 포로 8만 명을 넘겨받아 다시 전열을 가다듬었다. 자유폴란드군은 아프리카와 이탈리아에서 용감히 싸웠고 특히 몬테카시노 전투에서 활약했다. 그러나 자유폴란드 정부는 종전 후 어떤 지위도 보장받지 못하고 몰락의 길을 걸었다.

근본 문제는 이오시프 스탈린의 영토 야심이었고 스탈린의 눈치를 본 연합국이 자유폴란드와 소련의 관계가 악화되자 스탈린의 손을 들어줬기 때문이었지만, 결정적으로 자유폴란드 지도자들의 좁은 안목이 걸림돌이었다.

소련과 자유폴란드 정부는 먼저 국경 문제로 반목했다. 자유

◆ 폴란드 파일럿의 활약을 그린 <303 전투비행단(Squadron 303)>이라는 영화도 있다.

폴란드는 전쟁 전의 국경선으로 소련군이 물러나길 원했지만 스탈린은 커즌선(Curzon Line)까지만 돌려주고자 했다.[*] 제2차 세계대전 종전 후 독일 영토인 오데르 나이제(Oder-Neisse) 동쪽이 폴란드에 편입되었기에 극적 타협의 가능성이 높았는데 뜻하지 않은 사건이 일어났다.

소련은 폴란드를 점령한 후 1940년 봄에 반러시아 성향의 폴란드군 장교와 하사관 8천 명을 학살했는데, 1943년 4월에 학살 현장이 러시아 스몰렌스크 근방 카틴(Katyn)의 숲속에서 발굴되었기 때문이다.[**]

소련과의 마찰을 경계하는 연합국 수뇌부는 자유폴란드 지도자들에게 일단 덮고 넘어가길 종용했지만, 자유폴란드 정부가 연합국 수뇌부의 권유와 압력을 물리치고 국제적십자위원회에 카틴 숲 학살 사건 진상조사를 의뢰하자 소련이 기다렸다는 듯이

---

[*] 커즌선은 1919년에 영국 외무장관 조지 커즌이 제안한 러시아와 폴란드 국경선이다. 1939년 독일이 폴란드를 침공했을 때 독일과 소련은 커즌선을 기준으로 폴란드를 양분해 점령했다. 연합국은 처음에는 소련이 커즌선을 포기하고 원래의 국경선으로 물러나야 한다는 입장이었지만 소련군이 동부전선에서 독일군을 패퇴시키자 입장을 바꿔 커즌선을 소련과 폴란드 국경선으로 인정했다.

[**] 소련 비밀경찰이 자행한 학살은 카틴, 민스크, 하르키우, 메드노예 등 여러 곳에서 벌어졌지만 범죄의 흔적이 러시아 스몰렌스크 근처 카틴의 숲속에서 발굴되어 통칭해 '카틴 숲 학살 사건'이라고 한다. 발견 시점이 스탈린그라드 전투가 독일군의 패배로 끝난 직후로 독소전쟁의 전환점(이후 일방적으로 독일군이 수세로 몰림)이었을 때라서 누가 주도해 발굴하고 쟁점화했는지에 관해 여러 가지 억측이 가능해 보인다. 스탈린 정부가 자유폴란드에게 던진 덫이었을 가능성도 존재한다.

자유폴란드와의 단교를 선언했다.

　미국을 비롯한 연합국은 동부전선에서 소련군이 활약해줘야 서부전선으로 쏠리는 독일군의 압력이 줄어들게 되는 현실을 고려해 소련의 입장을 두둔했다.

　연합국은 노르망디 상륙을 앞두고 소련군이 동부전선에서 독일군을 압박해 노르망디 상륙 이후 독일군의 저항이 분산되길 희망했고, 특히 미국은 만주와 조선에서의 일본군 무장해제를 위해 소련군의 도움을 얻고자 하는 의도가 있었기에 스탈린의 눈치를 봤다.

　소련과 자유폴란드 중 하나를 선택해야 하는 상황으로 이끈 자유폴란드 지도자들의 좁은 안목이 아쉬웠다. 외교적 푸대접을 받으면서도 자유폴란드군은 묵묵히 연합국과 같이 싸웠지만 연합국과 소련은 시간이 갈수록 노골적으로 자유폴란드를 따돌렸다.

　노르망디 상륙 이후 연합군이 내륙으로 깊숙이 진격함에 따라 병참선이 길어지는 문제를 해결하고자 연합군 수뇌부는 네덜란드의 항구를 병참기지로 활용한다는 목표를 세운다.

　네덜란드 점령을 위해 적 후방에 대규모 공수부대를 투입하는 과감하고 위험한 작전을 채택하는데 그 유명한 '마켓가든(Market Garden) 작전'이다.

　자유폴란드 정부는 영국의 버나드 몽고메리 장군이 제안한 마켓가든 작전에 공수여단을 투입하며 충성심을 보였지만, 결과적으로 경멸에 가까운 푸대접을 받았다. 대실패로 끝난 마켓가든 작전의 실패 책임을 폴란드 공수여단에 뒤집어씌운 것이다.

폴란드 공수여단의 병력 규모가 작전 총 투입 병력의 1% 수준이고 작전이 끝나갈 무렵 독일군 지역에 강하해 큰 희생을 치렀는데도, 폴란드 공수여단에 작전 실패 책임을 뒤집어씌우는 억지를 부린 것이다.

폴란드 공수여단은 포위되어 전멸의 위기에 빠진 영국 공수사단의 퇴로를 열고자 추가적으로 많은 희생을 치렀지만, 몽고메리 장군은 본인의 작전 기획 실패를 은폐하기 위해 폴란드 공수여단 사령관 스타니슬라프 소사보프스키 장군을 해임시켜버렸다. 나라 잃은 힘없는 백성이 어떤 대접을 받는지, 강대국들이 얼마나 잔인하고 비열해질 수 있는지 적나라하게 보여주는 사례다.

전쟁이 끝나자 소련이 점령한 폴란드에서 소련계 폴란드인들이 주축을 이룬 공산당 정권이 수립되었고 자유폴란드 정부는 배제되었다. 소련과 단교한 자유폴란드 정부가 소련군이 점령하고 있는 폴란드에서 활동 공간을 확보하기 어려웠고 소련의 눈치를 보는 연합국들에게 도움을 기대할 수도 없었다. 자유폴란드 정부는 1946년에 영국에서 있었던 전승 기념행사에도 초청받지 못했으며 폴란드 내부에 친소 공산주의 정권이 들어서자 연합국들이 정부 승인을 취소하는 참담한 상황으로 몰렸다.

전술적 승리가 전략적 승리를 보장하지 않는다

1920년 10월 만주 간도의 청산리에서 조선 독립군이 일본군 사단급 부대의 포위망을 뚫고 탈출하는 과정에서 일본군 한 개 연대에 큰 타격을 입혀 일제의 간담을 서늘하게 하고 일제의 식민통치를 받던 조선 민중의 속을 후련하게 했다.

청산리 전투와 전투를 지휘한 김좌진, 이범석, 홍범도 장군의 무용담을 수없이 들으며 피 끓는 애국심, 반일 감정과 함께 살아온 세대의 한 사람으로서 청산리 전투에 참가한 독립군 선조들에게 크고 깊은 경의를 표하는 마음에는 변함이 없다.

청산리 전투가 끝난 후 두 가지 중요한 사건 전개가 있었다. 하나는 '간도참변'이다. 일본군이 불령선인을 토벌한다는 명목으로 독립군의 근거지가 될 수 있는 만주의 조선인 부락에 엄청난 시련을 안긴 불행한 일이 벌어졌다. 그 참상은 필설로 다할 수 없는 정도였다고 한다.

또 하나의 사건은 '자유시참변'이다. 일본군의 추격을 피해 만주에서 러시아로 피신했던 독립군 부대가 자유시(스보보드니) 인근 수라젭카에서 러시아 적군에 의해 무장해제를 당했다. 그 과정에서 러시아 적군에게 접수되길 거부한 독립군들이 러시아 적군의 공격을 받고 목숨을 잃었다.

청산리 전투 이후 조선 독립군은 근거지인 만주에서 물러났으

14장 무장독립투쟁은 애국심만으로 성공할 수 없다

며 독자적으로 전투를 수행할 능력을 상실한 채 소련군에 참여하거나 중국군에 참여해 대일 무력투쟁에 나설 수밖에 없었다. 상해 임시정부에도 직할 부대가 있었으나 전술적으로 의미 있는 규모가 아니었기에 군사적 의미는 없었다.

청산리 전투가 승리한 전투라고 하지만 이후 독립군이 사실상 와해되었다면 평가는 달라져야 한다. 전투의 목적은 승리지만 승리 후에 더 이상 전투를 수행할 수 없다면 그 전투는 피해야 한다. 게다가 청산리 전투 때문에 인근 조선인 부락이 처참하게 도륙되었다면 더더욱 달라져야 한다.

홍범도 부대가 국내진공작전의 일환으로 함경도 종성의 경찰지서를 공격함으로써 일본군이 만주의 독립군을 토벌할 계획을 세우고 실행하는 과정에서 일어난 봉오동 전투와 청산리 전투는 군사 전술이나 전략적 측면에서 보면 피해야 하는 전투였다.

일시적으로 일본군에게 타격을 줄 순 있으나 최종적인 승리는 병력이나 장비가 압도적으로 월등한 일본군에게 돌아갈 수밖에 없었기 때문이다.

불과 2천 명 수준의 병력으로 국내진공작전을 입안하고 실행한 것도 군사 전술 측면에서 이해가 가지 않는 부분이다. 당시 조선에 주둔하고 있던 일본군의 규모가 두 개 사단이었고 유사시 일본 본토로부터 증원부대 파견이 쉽게 이뤄지기에 2천 명의 병력으로 조선을 해방시키는 건 불가능했다.*

의욕이 너무 앞선 바람에 화를 자초한 건 아닐까? 만주의 조선 독립군은 존재를 숨긴 채 조용히 힘을 기르며 때를 기다려야 했는데 서두르다가 해체의 운명을 맞이한 것이다. 작은 전투 몇 번 이겼다고 전쟁에서 승리하는 건 아니다. 다시 말해 전술적 승리가 전략적 승리를 보장하진 않는다.

　　태평양전쟁 당시 일본이 진주만을 기습해 전술적 승리를 거두고 잠시 전장을 주도했지만 결국 전쟁에서 지면서 전략적 승리를 챙기지 못했다. 경제력과 산업 역량에서 미국의 상대가 되지 않아 곧 전세가 뒤집어지고 시간이 갈수록 전력의 격차가 더 벌어졌기 때문이다.**

　　제2차 포에니전쟁에서 카르타고의 한니발은 알프스산맥을 넘는 초인적 의지를 보이며 칸네에서 로마군 8만 명을 도륙하는 큰 전술적 승리를 거뒀지만 전략적으로 포석을 둔 로마에게 결국 지고 말았다. 전쟁을 길게 끌수록 원정군이 불리해진다는 경험칙

◆ 1918년에 두 개 사단을 보유하는 조선주차군 사령부가 발족했다. 조선주차군 사령부는 용산에 위치했고 태평양전쟁이 끝난 후 미8군이 조선주차군 사령부 건물을 그대로 이용했다. 함경북도 청진에 제19사단, 경성에 제20사단이 주둔했다.

◆◆ 전투기의 예만 들어도 미국과 일본의 산업 역량 격차를 알 수 있다. 일본은 함상 전투기 제로센을 운용해 개전 초기에 제공권을 확보했지만, 미국이 전투기 엔진 업그레이드를 여러 차례 실시해 전투기의 공격력과 방호력을 크게 키우는 동안 엔진 업그레이드를 한 차례도 성공시키지 못했다. 제로센이 동네북 신세로 전락해 태평양전쟁 말기에는 미군에게 제공권을 완전히 빼앗기고 고전을 면치 못했다. 보다 못한 독일군이 독일제 전폭기의 엔진 설계 기술을 일본군에 넘겨줬지만 일본 항공산업의 역량으로는 베끼는 것조차 버거웠다.

을 무시하며 유리한 상황에서 강화 협상을 하지 않고 장기전에 말려들어갔기 때문이다. 스키피오 아프리카누스가 지휘하는 로마군은 한니발을 속이고 한니발 군대의 병참기지인 스페인을 공격해 함락시킨 후 카르타고 본토로 기습 상륙해 허겁지겁 귀국하느라 지쳐 있는 카르타고 군대를 자마에서 도륙해버렸다.

상해 임시정부는 청산리 전투가 끝난 후 승리를 홍보했지만 무슨 의미가 있었을까? 상해 임시정부는 국내진공작전을 막았어야 했다. 나아가 만주에 있는 여러 독립군 지파를 통합하고 단일 편제로 정비해 일사불란한 지휘체계를 정립하고 후일을 대비해 힘을 기르는 데 방점을 찍었어야 했다.

태평양전쟁의 발발은 상해 임시정부에 호기였다. 청산리 전투가 없었고 비밀리에 만주 지역에 독립군을 양성해 놓았다면 미군과의 합동 작전을 통해 상해 임시정부의 국제적 위상도 높이고 종전 후 전승국으로서 남북분단의 비극도 막을 수 있었을 것이다.

태평양전쟁이 일어나자 상해 임시정부는 일본에 선전포고를 했지만 미군과 함께 싸울 수준의 병력을 보유하고 있지 않아 아무런 의미가 없었다. 만약 조선 독립군이 태평양 전선에 의미 있는 규모의 병력을 파병해 미군과 함께 싸울 준비가 되어 있었다면 역사의 흐름은 분명히 달라졌을 것이다.

상해 임시정부, 자유프랑스, 자유폴란드

1. 자유프랑스 vs 자유폴란드

자유프랑스와 비교할 때 자유폴란드는 무엇이 부족했을까? 보유한 병력 규모도 25만 명에 달해 7만 명 수준인 자유프랑스에 비해 압도적으로 많고 전공도 많이 세웠는데 왜 실패했을까? 외교력과 국제 정세를 읽고 대응하는 지혜가 부족했다.

스탈린의 야심을 어느 정도 만족시키는 방법이 커즌선에서 소련과 국경선을 긋는 것이므로 속이 쓰리더라도 폴란드의 독립이라는 더 큰 목표를 생각해 양보하고 폴란드군 장교 하사관 학살 사건도 일단은 수면 아래로 잠복시켜 스탈린의 야심인 위성국가 건설을 막아야 했다.

연합국이 소련의 눈치를 보는 상황이었으니 폴란드가 최선을 추구할 수 있는 국제적 여건도 갖춰져 있지 않았다. 연합국의 지지를 얻어 소련에 대항해야 하는 자유폴란드 정부로선 연합국의 의중을 존중해야 했지만, 자유폴란드 지도자들은 카틴 숲 학살 사건에 크게 반발하며 국제 이슈를 만들었고 스탈린은 기다렸다는 듯이 자유폴란드의 승인을 취소하고 국교를 단절해버렸다.

자유폴란드가 살얼음판에 서 있는 자신의 취약한 처지를 망각하고 자유폴란드를 제거하기 위해 기회를 엿보고 있던 소련에게 빌미를 준 것이었다. 어떻게 해서든지 소련과 우호 관계를 유지하며 충분한 시간을 갖고 연합국을 설득해 소련군이 커즌선 밖으로 철수하도록 유도해야 했는데 '미래를 지향하는 이성'보다 '과거의 정의 실현에 집착하는 감성'이 앞서 일을 그르쳤다.

동부전선에서 독일군에게 막대한 희생을 강요해 연합국의 부담을 덜어준 소련은 전쟁이 끝난 후 군사 대국으로 우뚝 서 있었기에 소련과 단교한 자유폴란드 정부가 전쟁이 끝난 후 할 수 있는 일은 성명을 발표하는 것 이외에 거의 없는 상황이 되었다.

핀란드는 겨울전쟁(1939년 12월~1940년 3월)에서 소련군을 물리쳤지만 장기전에 돌입하면 승산이 없다는 현실을 받아들이고 소련에게 국토의 일부를 할양해 자존심과 야욕을 채워주는 대신 주권을 유지하는 현명한 처신을 했다.

1979년 중월전쟁 당시 중국군은 베트남 북부에서 베트남군에게 완전 포위되어 대규모의 사상자를 내고 악전고투했다. 보급선이 차단되어 전멸의 위기에 봉착했지만 베트남 정부는 대외적으로는 중국이 이긴 전쟁으로 포장하고 포위된 중국군의 퇴로를 열어줬다.✦ 약한 나라의 지도자는 냉철한 이성과 계산된 애국심으로 무장되어 있어야만 한다.

✦ 호치민은 중국의 도움을 받아 미국과 전쟁을 치렀지만 언젠가 중국이 영토 야심을 드러낼 거라고 예측해 북베트남을 비밀리에 요새화해 중국군의 침공에 대비하라고 유언을 남겼다. 1979년 약 15만 명의 베트남군이 캄보디아 프놈펜에 진주하자 그 틈을 노리고 중국군이 중월 국경을 넘었다가 전혀 예측하지 못한 곳에서 베트남군에게 완전 포위되었다.

2. 자유프랑스, 자유폴란드 vs 상해 임시정부

상해 임시정부는 연합국과 함께 싸울 병력을 확보하지 못했다는 점에서 자유프랑스나 자유폴란드와 비교할 때 근본적인 차이점이 존재한다.

자유프랑스는 부족한 병력을 메꾸고자 서아프리카와 북아프리카를 돌아다니며 노력했다. 상해 임시정부는 병력을 충당할 곳이 없었을까? 분명히 있었다. 위험하지만 조선에 잠입해 일제에 징병 징용되는 인원을 데려올 수 있었고, 장제스 군대와 마오쩌둥 군대에서 싸우고 있는 조선 청년들을 데려올 수도 있었다.

미국을 설득했으면 미국이 장제스와 마오쩌둥에게 조선 청년 차출을 요구했을 것이고 미국에 많은 걸 의존하고 있던 장제스와 마오쩌둥은 그 요구를 들어줄 수밖에 없었을 것이다.[*] 미국 입장에서 보면 일본어를 이해하는 조선 청년들이 태평양 전선에서 앞장서서 전투에 참가하면 미군에게 큰 도움이 될 것이었기에 설득에 큰 어려움은 없었을 것이다.

---

[*] 마오쩌둥 군대의 조선의용군(제8로군)에 소속된 조선 청년의 숫자는 5만 명을 넘었으며 장제스 군대에도 비슷한 숫자의 조선 청년이 있었을 것으로 추측된다. 6.25 전쟁 직전 마오쩌둥의 중공군에 근무하던 5만 명의 조선 출신 대부분이 북한군으로 참전했다. 6.25 개전 당시 북한군 스물한 개 보병연대 중 열 개 연대가 중공군 출신 조선인으로 구성되어 있었다. 중공군에서 일본군과 싸우던 조선인 장병들을 북한군에 대규모로 편입시킨 중공 지도부의 의도는 무엇이었을까? 북한군 교육 훈련 목적이라면 그렇게 많은 수의 병력이 필요하진 않았을 것이다. 이참에 중공군에서 큰 세력을 형성하고 있던 조선인 세력을 제거하고자 했을 가능성이 높다. 국제관계에선 정신 똑바로 차리고 살아야 한다는 교훈이라고 할 수 있다.

진주만 기습 직후 1942년 1월 1일 워싱턴에서 스물여섯 개 연합국들은 '중국 전구(中國 戰區, Chinese Theater of Operations)' 성립을 발표한다. 중국 전구 최고사령관에 장제스를 임명하고 장제스 사령관의 참모장으로 중국 근무 경험이 있는 미국 육군 중장 조셉 스틸웰을 임명한다. 중일전쟁이 사실상 연합국의 통제 아래 있었던 것이다.

탄약, 기름, 탱크, 비행기 등 주요 물자를 미국에 의존하던 중국의 입장을 고려할 때 상해 임시정부가 미국을 잘 설득했다면 스틸웰 장군이 장제스와 마오쩌둥을 움직여 일본어가 가능한 조선 청년들을 선발해 태평양 전선으로 보내는 데 큰 무리가 없었던 상황이었기에 실로 큰 아쉬움이 남는다.

만약 조선 청년들이 태평양의 여러 섬에서 피 흘려 싸워 미군의 희생을 줄여줬더라면 종전 후 상해 임시정부의 위상이 높아지고 한반도의 운명을 능동적으로 정할 수 있었을 것이다.

조선 청년들이 장제스와 마오쩌둥의 깃발 아래서 피를 흘리도록 방치하고 미군과 이렇다 할 연결고리도 없었으며 평가받을 만한 소규모 합동작전 기록도 없는 상해 임시정부는 군사적인 측면에선 성공했다는 평가를 받기 어렵다.

연합국 중에서 상해 임시정부를 승인한 국가는 없었으며 장제스 정부와 마오쩌둥 정부도 상해 임시정부를 승인하지 않았다.

조선의 젊은이들이 장제스 군대와 마오쩌둥 군대의 깃발 아래 피를 흘리고 있었는데도 장제스와 마오쩌둥은 왜 상해 임시정부를 승인하지 않았을까? 상해 임시정부를 승인할 경우 전후 국제질서 편성 과정에서 중국의 종주국 지위가 흔들릴 수 있다는 계산이 있었기 때문이다.

상해 임시정부는 다른 방안을 내놓았어야 했다. 장제스는 조선의 독립이 국제적으로 처음 선언된 카이로회담(1943년 11월)에서 조선을 독립시킨다는 미국의 방침에 매우 소극적인 자세를 보여 미국 국무성 관리들로부터 시대착오적 인물이라는 비난을 받은 바 있다. 장제스는 조선을 중국의 일부라고 생각했다.

하와이의 박용만 장군

실로 아쉬운 건 미국령 하와이 교민 사회에서 박용만 장군이 주도해 양성했던 한 개 대대 규모의 무장독립군 조직인 '대조선국민군단'이 일찍 해산된 것이다.

대조선국민군단이 존속되었다면 태평양전쟁에서 활약했을 텐데 독립투쟁 방식(무력투쟁론과 외교적 노력)을 두고 이견을 보인 하와이 민족지도자들이 대립하는 과정에서 해산되고 말았다.

하와이 독립군은 영어도 완벽하게 구사했으므로 조선 청년을 이끌며 태평양 전선에서 눈부신 활약을 했을 테고 미국식 교육을 받고 미국의 체제에 대한 이해도가 높아 미국 당국과의 외교적 대화도 잘 이끌었을 것이다.

박용만 장군은 미국 당국의 묵인 아래 기관총과 박격포로 무장된 한 개 대대 규모의 부대를 엄하게 훈련시켰는데, 교민 사회 특히 조선에서 하와이로 시집온 젊은 아녀자들의 반발을 샀다고 전해진다.

박용만 장군은 부족한 군자금을 대고자 함경도 청진에서 명란젓을 수입해 팔고 가끔 아편 덩어리를 명란젓 항아리에 숨겨 밀수하기도 하면서 각고의 노력을 기울였다. 사탕수수 농장의 일꾼으로 일하는 교민들의 주머니가 깊지 않았기 때문이었다.

그의 지론은 우리 힘으로 조국을 해방시켜야 국제사회에서 당당한 지위를 인정받게 되며 남의 힘으로 조국 광복을 맞으면 안 된다는 것이었다.

결국 박용만 장군의 말이 맞았다. 남의 힘으로 맞이한 광복은 남북분단이라는 최악의 결과를 낳았기 때문이다.

박용만 장군의 대조선국민군단이 존속되었다면 상해 임시정부의 눈이 되고 입이 되어 상해 임시정부의 입지를 높이고 운신의 폭을 넓혀줬을 것이다.

자유프랑스의 노력을 알고 있었기에 상해 임시정부와 병력 충원 문제를 논의했을 것이고 중국 군대에서 싸우고 있는 조선 청년에게 눈길이 갔을 것이었다.

하와이 독립군 구성원이 장교 노릇을 하고 중국 군대에서 병사로 있던 조선 청년들을 지휘해 태극기 깃발을 휘날리며 과달카날, 펠렐리우, 이오지마, 사이판, 오키나와 등 태평양의 섬에서 미군과 어깨를 나란히 하고 가장 어려운 임무를 도맡으며 열심히 싸웠다면 어땠을까? 미국이 상해 임시정부를 승인하고 군사 원조를 제공했을 것이다.

군사 원조로 받은 피복, 식량, 무기와 장비, 휘발유, 탄약을 지급받아 조선 청년들을 세계 최고 수준의 전투 요원으로 훈련시켰을 것이고 용감하게 싸우는 조선 군대를 보며 미국 정부는 만주의 일본군을 제압하고자 소련군을 불러들일 생각을 하지 않고 조선 청년을 더 많이 무장시켜 만주와 한반도로 보내는 방안을 연구했을 것이다.

상해 임시정부가 미국의 승인을 받았다면 당당하게 전승국이 되었을 것이고 1945년 9월 2일 도쿄만에 진출한 미군 전함 미주리호에 승선해 맥아더 장군 옆에 서서 일본의 항복을 받아냈을 것이다. 태평양전쟁에 참전한 조선군이 인천항에 상륙해 보무도 당당히 서울로 행진해 들어오는 감격적인 장면이 연출되었을 것이다.

상해 임시정부의 실패

자유프랑스의 성공과 자유폴란드의 실패, 그리고 상해 임시정부의 활동을 비교해 볼 때 무장독립투쟁의 길은 물리적, 신체적 어려움을 극복하는 것으로는 불충분하며 외교력도 함께 갖추고 있어야 한다는 사실을 알 수 있다.

무엇보다도 국제 정세의 움직임을 읽어내 핵심 국가(Key-player)들과의 관계를 잘 설정해 나가야 하기에 지도부는 열정과 함께 냉철한 이성과 판단력 그리고 상당한 수준의 지식을 갖추고 있어야 한다.

상해 임시정부의 지도부는 열정은 충만되어 있었지만 무장독립투쟁의 목표와 달성 방식에 대한 확고한 입장이 없었다. 그렇기에 불과 2천 명 정도의 병력을 보유한 만주의 독립군이 일본군 2개 사단이 포진하고 있는 조선으로 국내진공작전을 펴는 걸 통제하지 못했고, 그 결과 만주의 독립군 기반이 완전히 붕괴되는 걸 지켜볼 수밖에 없었다.

또한 전쟁이 끝난 후 조선이 국제사회에서 위상을 확보하기 위해선 반드시 전후의 국제 질서를 이끌 강대국과 함께 싸워야 한다는 인식을 명확하게 갖고 있지 못했다.

강대국과 함께 싸워야 한다는 인식이 있었더라도 실천을 위한 방법론은 찾지 못했다면 망명정부의 역할을 제대로 수행했다고 평가하기 어렵다.

특히 중국 깃발 아래 피흘리며 싸우는 조선 청년들을 방관하다시피 했고, 이들이 태극기를 앞세우고 미군과 함께 싸우는 방안을 강구할 수 있었음에도 그리하지 못한 건 아쉽기 그지없다.

우리는 청산리 전투와 봉오동 전투에서 용감하게 싸운 애국선열들, 간도참변에서 희생된 동포, 그리고 어려운 여건에서도 상해 임시정부에서 활약한 애국지사 여러분들께 무한한 빚을 지고 있다.

그러나 청산리 전투와 봉오동 전투의 전술적 성공 이면에 존재하는 전략적 아쉬움을 인정하고 상해 임시정부가 놓치고 있었던 부분에 관해 명확하게 짚고 넘어가는 게 후손들이 보다 냉정하고 이성적인 판단으로 나라의 운명을 올바르게 이끄는 데 도움을 주는 길임도 잊지 말아야 한다.

15장

식민지근대화론은
틀렸다

'일제 식민 통치가 한국의 근대화에 기여했다'라는 주장을 불편한 진실 정도로 인식하며 인정하긴 싫지만 식민지근대화론에 정면으로 맞서긴 주저하는 게 평균적인 한국 지식인의 모습이다. 하지만 식민지근대화론은 논리적 허점이 많은 왜곡된 주장이다.

1945년 한국과 1910년 조선을 단순 비교하는 접근법이 틀렸다. 조선 스스로 근대화에 나서 1945년까지 이룰 수 있는 상황과 해방 직후의 상황을 비교할 수 있어야 학문적인 접근이다. 수식과 도표, 여러 정황 증거는 식민지근대화론의 허구성을 밝히는 데 부족함이 없다. 1945년 한국은 민족 분단이라는 크나큰 질곡을 떠안았고 동족상잔의 6.25 전쟁으로 이어졌다. 조선이 일본의 식민지가 되지 않았다면 일어나지 않았을 비극이다. 일제 식민 통치가 한국을 위해 의미 있는 일을 했다고 주장하기 어렵다.

러일전쟁은 계속되고 있다

2007년 세계은행 그룹의 이사로 근무하고 있을 때 「세계은행 연차 보고서 2008(World Bank Annual Report 2008)」의 최종 원고가 이사회 심의를 받고자 이사회 안건으로 올라왔다.

회의 준비를 위해 최종 원고를 검토하고 있는데 러시아 이사가 전화로 한국과 관련 있는 부분이 있으니 살펴보라고 했다. 살펴보니 그 내용은 '일본의 식민 지배가 한국 농업의 생산성을 증가시켰다'라는 부분이었다.

러일전쟁의 여진은 100년이 지난 후에도 계속되고 있었다. 나는 이사회에서 "사실 여부를 떠나 「세계은행 연차 보고서」에서 언급하면 '제국주의 예찬론'으로 잘못 비춰질 수 있어 부적절하니 해당 섹션 전체를 삭제할 것"을 강력히 요구했다.

이사회는 결정을 미루고 종료되었지만 섹션 전체를 도려내는 건 전례가 없는 일이어서 불리한 상황이었다. 가만히 있을 수 없었던 나는 러시아 이사, 식민지 경험이 있는 개도국 이사들과 연대해 강력히 주장한 끝에 간신히 집행부를 설득해 섹션 전체를 삭제할 수 있었다.

가슴을 쓸어내고 다시 한 번 한국 농업이 언급된 부분을 자세히 살펴보다가 처음 원고를 받아봤을 때보다 더 큰 충격을 받았다. 섹션 후미에 참고문헌 색인이 있었는데 일본의 식민 지배가 한국 농업의 생산성을 높였다는 주장을 실은 논문들의 저자 상당수가 한국인 이름을 갖고 있었던 것이다. 분노와 슬픔, 창피함으로 눈앞이 뿌옇게 되었던 기억이 생생하다.

"일제의 식민 통치가 한국의 근대화에 기여했다고, 사실은 사실이니 인정하라"라고 당당히 주장하는 한국인 학자들이 있다. "학문의 영역에 민족주의적 편견이 개입되어선 안 된다"라고 국제 신사 같은 점잖은 충고까지 곁들인다.

과연 이들의 주장이 옳은가? 옳더라도 인정할 수 없으니 부정해야 하는 것인가?

나는 그들의 주장이 확실하게 틀렸다는 믿음을 갖고 있다. 나의 믿음은 민족주의적 감성에 기초하는 게 아니라 나름 수학 논리 위에 서 있다.

한 마디로 얘기하면, 조선을 일본의 일부로 본다는 대전제 아래 일본의 일본에 의한 일본을 위한 조선 근대화였기에 조선 근대화의 최적해를 달성하는 건 불가능했다.

조선의 조선에 의한 조선을 위한 근대화를 가로막은 일제강점기 36년은 장기적으로 볼 때 잘못 그은 획이어서 우리에게 오히려 짐이 될 수도 있었지만, 6.25 전쟁의 잿더미에서 백지 위에 우리 스스로 산업화의 길을 설계하고 추진할 수 있었기에 오늘날 세계 10대 경제 대국으로 클 수 있었다.

수식과 도표에 의한 예비증명

식민지 근대화 옹호론자들의 논리는 단순하다. 1945년 조선이 1910년 조선보다 발전했으니 식민 통치가 긍정적인 효과를 봤다는 것이다.

즉   S(1945) = S(1910) + 식민 통치 효과

식민 통치 효과 = S(1945) − S(1910)

S(1945) 〉 S(1910)이므로

따라서 식민 통치 효과 = S(1945)−S(1910) 〉 0 (긍정적)

(S(Y)는 'Y년도의 발전 상태')

그러나 여기에는 논리적인 맹점이 있다. 식민 통치의 효과를 측정하려면 조선이 식민지가 되지 않고 독자적으로 발전했을 때 1945년까지 이룰 수 있는 수준, 즉 Si(1945)와 S(1945)를 비교해야 제대로 측정할 수 있기 때문이다. 다만 Si(1945)를 측정하기 쉽지 않기에 후술하는 논리가 뒷받침되어야 올바른 판단이 가능해진다.

식민 통치가 정당화되려면 'S(1945) 〉 Si(1945), S(1945) − Si(1945) 〉 0'이 성립해야 한다. 그러나 Si(1945)가 S(1945)보다 낮다고 해도 반드시 식민 통치가 긍정적 효과를 봤다고 단정할 순

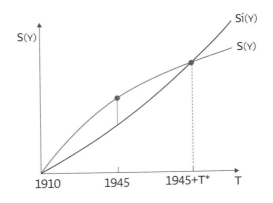

없다. 만약 Si 함수의 도함수 dSi/dT가 S 함수의 도함수 dS/dT 보다 가파른 모습을 보여 1945년 이후 특정 시점에서 Si 함수 곡선이 S 함수 곡선을 뚫고 위로 올라간다면 식민 통치의 효과는 부정적으로 된다.

즉 'Si(1945+T*) > S(1945+T*)' 부등식이 해방 후 T*년 후에 성립한다면 'Si(1945) < S(1945)' 부등식이 성립해도 식민 통치는 정당화될 수 없다.

조선총독부의 목표는 '최선의 조선'이 아니었다

조선총독부의 식민지 경영 목표가 어떻게 설정되었는지 살펴보는 건 식민 지배를 정당화할 수 있는지 여부를 결정하는 데 매우 중요하다.

만약 식민지 경영의 목표가 '최선의 조선'을 만들기 위한 게 아니고 다른 주된 목표의 하위목표로 설정되었다면 식민 지배가 조선을 '최선의 조선'에서 멀어지게 한 것이다.

조선 국토 안에서 일본이 추진한 인프라 건설, 산업 기반 구축, 교육제도 내용을 들여다보면 일본의 목표는 결코 '최선의 조선'을 만들겠다는 게 아니었다는 사실을 알 수 있다.

1. 기간철도망

일본이 주도해 건설한 철도망의 근간은 경부선(1905년 1월 1일 개통)과 경의선(1905년 11월 5일 개통)이다. 경부선을 건설한 일본 회사의 사장인 시부사와 에이이치는 "경부선은 조선에서 일본의 유일 맥관이자 사활의 기관"이라며 일본 국민을 선동해 경부선 철도회사 주식을 국민주로 보급하며 거대한 자금을 동원했고 건설 중에 러일전쟁이 일어나자 군수물자 수송을 위해 완공을 앞당겼다.

에이이치의 선동 발언에 일본 국민이 널리 호응한 걸 보면 경부선 등 조선의 기간철도망은 조선보다 일본의 관점에서 구상해 설계했다고 봐도 크게 틀리지 않는다.

'일본 자본주의의 아버지'라고 추앙되며 2024년에 발행되는 새로운 1만 엔 지폐 표지 인물로 선정된 시부사와 에이이치가 경부선에 협궤(1,067mm)를 적용하지 않고 표준궤(1,435mm)를 채택한 사실에서도 멀리 만주 대륙 경영까지 포부에 넣은 큰 그림 속에서 조선이 고려되고 있었음을 알 수 있다.

2. 정체된 산업구조

일제강점기가 끝났을 때 조선의 산업구조는 경공업과 농업 그리고 광업으로 이뤄져 있어 산업 고도화와는 거리가 있었다. 일제강점기 36년은 결코 짧은 세월이 아니었지만 조선의 산업구조 고도화는 일본의 관심 사항이 아니었기 때문이다.

한국이 1963년부터 본격적으로 추진한 산업 발전 과정에서 불과 10년 후인 1970년대 초반에 들어서면서 중화학공업으로 방향 전환을 한 것에 비춰 보면 일제강점기 조선의 산업구조는 보다 발전된 형태로 진화하지 않고 정체 상태에 있었다고 봐야 한다.

경제개발5개년 계획이 수립된 지 10년 만인 1973년에 경상북도 포항에서 포항제철 가동을 시작했는데, 식민 통치 옹호론자들이 옳다면 1920년에 조선 땅에도 제철소가 건립되었어야 했다. 그런가 하면 1974년에 울산에 현대조선소가 설립되었는데, 일제강점기 조선총독부가 박정희 정권과 같은 열의를 갖고 조선의 산업 발전을 위해 매진했다면 1921년에 조선 땅에도 대규모 조선소가 세워졌어야 했다.

조선총독부는 왜 조선 땅에 제철소와 조선소를 세우지 않았는지, 조선 땅에 제철소와 조선소가 없는 게 어떻게 조선을 위한 최선의 선택인지 논리적으로 설명할 수 있을 때 식민지근대화론이 힘을 받을 수 있다.

일본은 조선의 산업을 일본 본토 산업 체계의 일부라고 생각했기에 일본에 존재하는 제철소와 조선소를 조선 땅에 세울 이유가 없었다.

3. 경쟁을 부추기는 교육 구호

'누가 누가 잘하나?' 국영 TV 방송이 처음 시작된 1960년대 어린이 퀴즈 프로그램의 명칭이다. 어린이들이 서로 먼저 대답하겠다고 "저요. 저요." 하던 소음이 아직도 귓가에 따갑게 맴돈다. 손을 든 많은 사람 속에 단 한 명이 기회를 잡는 방식은 모순이 많았지만 그러려니 하고 받아들였다.

'누가 누가 잘하나?'와 같은 무질서한 개인 경쟁보다 '우리 모두 다 같이'라는 협동을 앞에 내세우면 사회가 보다 건강해지지 않을까?

놀랍게도 식민지 조선에선 '누가 누가 잘하나?' 식의 교육이 이뤄질 때 일본 본토에선 '우리 모두 다 같이' 식의 교육이 이뤄졌다. 식민지 백성을 서로 협업하지 않고 개인끼리 경쟁하며 서로 시기하며 분열하게 만든 것이다.

남태평양 도서 국가에서 제국주의자들이 농업협동조합을 해체한 논리와 비슷한 맥락에서 보면 될 것 같다. 쌀을 주식으로 하는 필리핀 식민지에서 미국 곡물상들이 밀 소비를 늘려 수출 길을 열고자 '쌀밥보다 빵을 먹어야 건강해지고 똑똑해져 좋다'라는 내용의 동요를 유행시킨 것도 유사한 맥락이다.

제국주의가 식민지의 발전을 위해 노력한다는 주장을 펴려면 제국주의의 사전적 의미를 '이타주의'로 바꾸는 데 세계인 모두가 동의할 수 있어야 한다.

조선은 변방이고 일본이 중심

남미 해방 신학자들에 의해 주장된 종속이론은 남미가 서구 열강의 변방으로서 원료 공급과 최종소비재 시장으로 한정되기에 고도산업 발전을 이룰 수 없고 만성적 착취 구조로 인해 빈곤의 악순환에 빠진다는 입장을 취한다.

종속이론에선 과거 제국주의 국가였던 선진국이 중심(Core)이 되어 주도권을 갖게 되므로 선진국에는 고도기술산업이 자리 잡는 반면 과거에 식민지였던 후진국은 변방(Periphery)이 되어 독립국가를 이룬 이후에도 여전히 원료 공급기지와 선진국 제품의 소비시장 기능을 담당한다.

따라서 선진국과 후발 개발도상국 사이에는 여전히 종속 관계가 형성되어 후진국에 산업화가 이뤄져도 노동집약적인 경공업 위주이기에 산업 강국이 되긴 어렵다고 주장한다. 일본이 발전한 건 일본이 선진국과 멀리 떨어져 있어 종속 관계 없이 독자적인 발전을 추구했기 때문이라고 설명하기도 한다.

종속이론은 지나친 이분법적 논리를 적용하고 있다. 한국, 대만 등 동아시아 국가의 성공 사례가 선진국의 직접투자, 특혜관세제도 등 선진국과의 협업 관계에 기초하고 있다는 사실을 간과하고 있기 때문이다. 게다가 일본의 발전에 관한 역사적 인식도 많이 부족해 보인다.

일본은 19세기 중반 페리 제독에 의한 개항이 이뤄지기 이전에는 네덜란드를 통해 유럽과 연결되어 있었고, 개항 이후에는 미국 산업에서 많은 걸 배우며 성장했다.

종속이론이 보편적 타당성을 인정받지 못하더라도 종주국과 식민지 사이에선 성립된다고 봐야 한다. 조선의 발전 계획은 '일본의 일본에 의한 일본을 위한' 것이었기 때문이다.

일제에 의해 준비된 조선 발전 계획의 목표는 일본의 이익을 극대화하는 것이었지 조선의 이익을 극대화하는 게 아니었다. 그렇기에 '조선의 조선에 의한 조선을 위한 발전 계획'이 '일본의 일본에 의한 일본을 위한 발전 계획'보다 나을 수 있다.

조선이 독자적으로 발전 계획을 수립할 능력이 없었기에 일본이 수립할 수밖에 없었다는 주장을 할 수도 있지만 조선에게 학습능력이 없었다는 주장은 궁색하다.

1963년부터 불과 30년 만에 전 세계가 놀란 속도로 최빈국에서 10대 산업 대국으로 올라선 저력을 보면 조선에게 학습능력이 없었다고 하긴 어렵다. 게다가 대한제국 말기에 경성이 동경보다 먼저 전차를 도입했고 경성을 워싱턴 시가지처럼 만들려는 도시계획이 있었다.

고려 말 조선 초 세계적인 기술 강국이었으나 '1,300년 전 중국 역사책'에 언급된 1,500년 전 중농주의 산업 철학을 국가 재설계의 바이블로 삼은 위화도 쿠데타 세력의 시대착오적인 실험의 희생양이 되어 침체의 늪에 빠져 있었을 뿐이었다.

19세기 말 선각자 그룹이 형성되면서 조선이 대오각성하고 주요 화약 무기의 원형은 모두 조선에서 발명되었다는 사실에서 확인된 본래의 창의력*을 발휘하려고 하던 차에 일본에게 납치되는 바람에 식민지의 길을 걸었다고 봐야 한다.

◆ 권총의 원조는 세총통, 기관총의 원조는 화차, 산탄 대포의 원조는 조란탄, 시한 신관을 사용한 작열탄의 원조는 비격진천뢰, 로켓의 원조는 신기전이다. K2 전차, K9 자주포, FA-50 경공격기, 천궁 미사일과 같이 세계적인 명품 무기를 생산하며 재래식 무기 제조 강국으로 발돋움한 저력도 우리 민족의 DNA에 장착되어 있는 뛰어난 창의력에 기초한다.

중화학공업이 없는 산업정책

1961년 군사정변이 일어나고 1963년부터 경제개발5개년 계획을 수립하며 본격적인 경제개발에 착수한 대한민국은 고도 경제성장의 원천을 경공업에서 찾지 않고 중화학공업에서 찾았다.

1970년대에 들어서며 철강 산업, 자동차 산업, 조선 산업, 석유화학 산업, 기계 산업에 뛰어들고 가전제품, 통신기기, 반도체 산업에도 손을 대면서 세계적인 제조업 강국의 지위에 올랐다.

아울러 중화학공업 제품을 국내에서만 판매해선 시장이 작아 원가경쟁력이 없으므로 수출시장 개척에 나설 수밖에 없었고 수출 드라이브 정책을 추진하면서 세계적인 무역 대국이 되었다.

만약 대한민국이 경공업에서 머물렀다면 오늘날의 대한민국은 존재하지 못했을 것이다. 일본이 '조선의 최선'을 추구했다면 당연히 중화학공업 육성 정책을 폈어야 했고 수출 드라이브 정책을 추진했어야 마땅했다.

그러나 이미 일본 영토 안에 중화학공업이 존재했기에 조선에 중화학공업을 육성할 명분도 실익도 없었고, 조선이 일본과 해외 시장을 두고 경쟁하는 구도도 결코 달가운 선택이 될 수 없었다. 조선의 산업은 일본의 산업을 보완하는 수준에서 육성하면 충분했다. 그렇기에 식민지근대화론에는 분명히 논리적인 허점이 존재하는 것이다.

조선총독부가 '일본의 최선'을 위해 조선의 산업정책을 입안하고 실행에 옮겼다는 게 확실한데 어떤 근거로 식민지근대화론을 합리화할 수 있을까?

정한론의 망령과 카이로선언

처음에는 정조론(征朝論)이라 불렀지만 '조(朝)'가 조정을 뜻한다는 오해를 불러일으킬 소지가 있다고 해서 정한론이 되었다.

정한론은 메이지 유신 이후 일본이 근대국가로서 부국강병의 길을 걷기 위해선 서구 열강과 같이 식민지가 필요하고 서구 열강들이 관심을 두고 있지 않은 조선과 만주가 그 대상이라는 인식에 뿌리를 두고 있다.

그렇기에 식민지 조선은 일본의 이익을 위한 제국주의 희생양일 뿐이지 근대화의 대상도 존중의 대상도 아니다.

정한론은 미개 상태에 있는 조선을 문명의 세계로 이끈다는 명분으로 위장되어 있는데 식민지근대화론은 정한론에 뿌리를 두고 있다.

유럽의 노예 상인들과 아메리카 대륙의 농장주와 광산주들은 아프리카 원주민들을 짐승같이 취급하며 인권을 무참하게 유린하면서도 미개한 악마의 땅에서 그리스도의 축복된 땅으로 인도

한다고 위선을 떨었다.

식민지근대화론자들이 보다 객관적이고 국제적인 관점을 요청한다면 1943년 11월에 발표한 '카이로선언'을 읽어 드린다. 식민지가 근대화되었는데 왜 노예 상태에 있다고 했는지 논리적인 반박을 시도하는 데서부터 식민지근대화론의 연구가 다시 시작되어야 할 것이다.

> "세 강대국(미국, 영국, 중국)은 조선 국민의 노예 상태를 우려하며 정당한 절차를 거쳐 조선이 자유 독립 국가가 되도록 한다고 결정했다(The aforesaid three great powers, mindful of the enslavement of the people of Korea, are determined that in due course Korea shall become free and independent)."

민족 분단이라는 최악의 결과

해방을 맞이한 조선은 결국 남북으로 분단되는 최악의 결과를 낳았다. 독일처럼 패전한 전범 국가도 아닌데 왜 민족 분단이라는 참혹한 결과를 감수해야 했는가?

백 보 양보해 일제 식민 지배가 조선 근대화에 기여했다고 하더라도 식민 지배의 결과가 민족 분단의 아픔이고 민족 분단으로 6.25 전쟁을 겪은 것이고 남북 대치에 따른 비용으로 현재까지도 성장과 발전을 더디게 하고 있다면 식민 지배가 조선의 근대화를 가지고 왔다는 주장은 어떤 이유로도 합리화될 수 없다.

조선이 식민 지배를 받지 않고 독립 국가로 있었다면 시간은 걸렸을지 몰라도 '최선의 조선'을 추구하면서 더 발전할 수 있었을 것이다. 무엇보다도 남북으로 분단되지 않았을 테니 동족상잔과 이산가족의 고통을 겪지 않았을 것이다.

민족 분단이 식민지근대화론을 잠재우는 종결자다. 식민지근대화론은 분석의 시야가 좁을 뿐만 아니라 방법론도 과학적이지 않으며 틀린 가정과 선입견에 기초하고 있다. '조선인은 홀로 아무것도 할 수 없다'라는 편견 위에 쌓아 올린 모래 탑일 뿐이다.

19세기 말 조선의 격동기에 조선을 방문한 경험을 토대로 『조선과 그 이웃 나라들(Korea and Her Neighbors)』을 펴낸 영국의 지리학자 이사벨라 버드 비숍 여사는 '조선 사람들이 다른 동양인보다 잘 생기고 똑똑한 사람들'이라며 '미래의 가능성을 봤다'고 기록했다. '다른 동양인'에 일본인도 포함되는 것인가? 비숍 여사가 생존해 있다면 물어보고 싶다.

우리 역사를 제자리에 올려놓을 때

먹고 살기 힘들었던 시절 우리는 우리 역사를 돌아볼 여유가 없었다. 그들은 기회를 놓치지 않고 우리 역사를 납치해 그들 입맛대로 휘저어 놓았다. 이제 그들로부터 우리 역사를 되찾아와 제자리에 올려놓을 때가 되었다. 우리 역사에 시간과 자원을 배려할 수 있는 여유가 생겼기 때문이다.

2023년 11월

최중경

잘못 쓰인 한국사의
결정적 순간들

초판 1쇄 발행 2023년 11월 21일
초판 4쇄 발행 2024년 1월 15일

지은이 | 최중경
펴낸곳 | 믹스커피
펴낸이 | 오운영
경영총괄 | 박종명
편집 | 김형욱 최윤정 이광민 김슬기
디자인 | 윤지예 이영재
마케팅 | 문준영 이지은 박미애
디지털콘텐츠 | 안태정
등록번호 | 제2018-000146호(2018년 1월 23일)
주소 | 04091 서울시 마포구 토정로 222 한국출판콘텐츠센터 319호(신수동)
전화 | (02)719-7735   팩스 | (02)719-7736
이메일 | onobooks2018@naver.com   블로그 | blog.naver.com/onobooks2018

값 | 19,000원
ISBN 979-11-7043-469-6 03910